NICOISE: MARKTGEÏNSPIREERDE KEUKEN UIT DE ZONNIGSTE STAD VAN FRANKRIJK

Een gastronomische reis door de levendige culinaire scene van Nice

STIJN JONKER

Auteursrechtelijk materiaal ©2024

Alle rechten voorbehouden

Geen enkel deel van dit boek mag in welke vorm of op welke manier dan ook worden gebruikt of overgedragen zonder de juiste schriftelijke toestemming van de uitgever en eigenaar van het auteursrecht, met uitzondering van korte citaten die in een recensie worden gebruikt. Dit boek mag niet worden beschouwd als vervanging voor medisch, juridisch of ander professioneel advies.

INHOUDSOPGAVE

INHOUDSOPGAVE **3**
INVOERING **6**
ONTBIJT **7**
    1. Niçoise Omelet 8
    2. Niçoise Ontbijtsalade 10
    3. Niçoise Avocado Toast 12
    4. Niçoise Ontbijtwrap 14
    5. Fougasse aux olijven..16
    6. Devilled Eggs Nicoise 18
    7. Salade de Fruits (verse fruitsalade) 20
    8. Niçoise roerei 22
    9. Niçoise Beignets 24
    10. Ontbijt Chaussons Aux Pommes 26
    11. Niçoise Ontbijttartine met ei en tomaat.................28
    12. Niçoise- eieren en cocotte.......................................30
    13. Ratatouille-omelet 32
VOORGERECHTEN.. **34**
    14. Op Niçoise geïnspireerde charcuterie 35
    15. Tonijntartaar met olijventapenade 37
    16. Niçoise Salade Loempia's 39
    17. Courgette en Geitenkaas Niçoise Bites 41
    18. Crostini van ansjovis en geroosterde rode paprika 43
    19. Pissaladière 45
    20. Pan Bagnat 47
    21. Tapenade 49
    22. Niçoise- uientaart..51
    23. Niçoise Kaassoufflé 53
    24. Niçoise- taarten 55
    25. Niçoise Olijftapenade..57
    26. Provençaalse Tomaten-Basilicum Bruschetta........59
    27. Aardappelsalade Niçoise 61
    28. Niçoise Kiphapjes...63
    29. Rouille-dip 65
    30. Herbes de Provence-popcorn 67
    31. Crostini met Geitenkaas en Honing 69
SALADES **71**
    32. Klassieke Niçoise-salade met gegrilde tonijn 72
    33. Tonijn Niçoise Salade 74
    34. Mason jar niçoise salade 76

35. Salade van witte vis Niçoise 79
36. Salade Niçoise 81
37. Niçoise Bowls met linzen en gerookte zalm 83
38. Salade van aangebraden blauwvintonijn Niçoise 85
39. Gedeconstrueerde Nicoise-salade 87
40. Salade van gegrilde tonijn Nicoise 89
41. Mostaccioli-salade Nicoise 91
42. Klassieke Salade Nicoise met Tonijn 93
43. Niçoise Salade van gerookte zalm Nicoise 95
44. Tonijn-ansjovissalade Nicoise 97
45. Geladen Nicoise-salade 99
46. Niçoise Bowls met linzen en gerookte zalm 101

HOOFDGERECHT 103
47. Socca niçoise wraps 104
48. In de pan geschroeide zalm Niçoise 107
49. Kip Niçoise Spiesjes 109
50. Vegetarische Niçoise Ratatouille 111
51. Ratatouille Provençaalse 113
52. Salade van tonijn en witte bonen 115
53. Niçoise Klassieke Salade Lyonnaise 117
54. Niçoise pastinaakgratin met tijm en gruyère 119
55. Niçoise Filet Mignon met Béarnaisesaus 121
56. Niçoise Boeuf Bourguignon Taart 123
57. Niçoise Bouillabaisse 125
58. Niçoise Geroosterde Kip En Aardappelen 127
59. Niçoise Canapés Met Gerookte Zalm 129
60. Niçoise Sole Meunière 131
61. Lam Ratatouille 133
62. Provençaalse Kip Met Kruiden 135
63. Pissaladière 137
64. Niçoise Kipschotel e 139
65. Niçoise Mosterdkip 141
66. Niçoise Rundvleesstoofpot 143
67. Niçoise Zeebaars Au Pistou 145
68. Niçoise Coq Au Vin 147
69. Niçoise Kipcassoulet 149
70. Niçoise Aardappel Dauphinoise 151
71. Niçoise Champignon Bourguignon 153
72. Cassoulet met bonen en groenten 155
73. Groenten Niçoise Brood Pizz a 157
74. Niçoise Aardappelen Au Vin 159
75. Niçoise Ratatouille 161
76. Niçoise Groentenstoofpot 163
77. Vegetarisch brood Niçoise 165

78. Niçoise gegratineerde groenten 167
79. Niçoise Plantaardige Niçoise Dipsandwich 169
80. Niçoise Witte Bonenstoofpot 171
81. Niçoise Amandel Niçoise Toast 173
82. Niçoise Linzenstoofpot 175
83. Niçoise Eénpans Niçoise Uienpasta 177
84. Niçoise Linzensalade met Geitenkaas 179
85. Niçoise namaaksalade 181
86. Niçoise Kokoscurry-linzensoep 183
87. Niçoise Sperziebonen 185

NAGERECHT **187**

88. Lavendel Honing Panna Cotta 188
89. Sinaasappel- en olijfoliecake 190
90. Niçoise Palmier Cookie s 192
91. Niçoise Caneles 194
92. Niçoise Kersenclafoutis 196
93. Niçoise Kokostaart 198
94. Passievrucht- en citroenmeringuetaartjes 200
95. Niçoise Perentaart _ 202
96. Aardbei Frasier en Lillet Chiffoncake 204
97. Niçoise Poire Avec Orange 206
98. Niçoise chocolademousse 208
99. Chocoladegebak Niçoise 210
100. Niçoise Custardtaart 212

CONCLUSIE **214**

INVOERING

Ga op een gastronomische reis door de levendige markten en zonovergoten straten van Nice met «Nicoise: marktgeïnspireerde keuken uit de zonnigste stad van frankrijk». Dit kookboek nodigt je uit om het rijke scala aan smaken te ontdekken dat de culinaire scene van Nice bepaalt: een stad waar verse producten, mediterrane invloeden en levensvreugde samenkomen om een culinaire oase te creëren. Met 100 zorgvuldig samengestelde recepten viert u samen met ons de zonovergoten charme en gastronomische hoogstandjes die de keuken van Niçoise tot een ware belichaming van de geest van de Franse Rivièra maken.

Stel je de bruisende markten vol kleurrijke producten voor, de geur van kruiden en specerijen die zich in de lucht vermengen, en het azuurblauwe water van de Middellandse Zee dat als achtergrond dient voor levendige terrasjes. "Niçoise" is niet zomaar een kookboek; het is een ode aan de markten, de zee en de Provençaalse charme die het culinaire landschap van Nice bepaalt. Of je nu verlangt naar de elegantie van bouillabaisse, de eenvoud van een salade niçoise of de zoetheid van een tarte aux citrons, deze recepten zijn gemaakt om je naar het hart van de Franse Rivièra te vervoeren.

Van delicatessen met zeevruchten tot aromatische kruiden, en van marktverse groenten tot heerlijke desserts: elk recept is een ode aan de smaken die bloeien onder de zonnigste hemel van Nice. Of u nu een doorgewinterde chef-kok bent die graag de smaken van de stad wil nabootsen of een avontuurlijke thuiskok die op zoek is naar inspiratie, "Niçoise" is uw gids om de warmte en levendigheid van Nice op uw tafel te brengen.

Ga met ons mee terwijl we de levendige culinaire scene van Nice verkennen, waar elk gerecht een verhaal vertelt over de markten, de zee en de vreugdevolle kunst van het genieten van het leven. Dus verzamel je olijfolie, omarm de kruiden en laten we beginnen aan een gastronomische reis door «Nicoise: marktgeïnspireerde keuken uit de zonnigste stad van frankrijk».

ONTBIJT

1. Niçoise Omelet

INGREDIËNTEN:
- 4 eieren
- 1/2 kop kerstomaatjes, gehalveerd
- 1/4 kopje Kalamata-olijven, ontpit en gehakt
- 2 eetlepels verse basilicum, gehakt
- 1/2 kopje tonijnstukjes, gekookt
- 1 eetlepel olijfolie
- Zout en peper naar smaak

INSTRUCTIES:
a) Klop de eieren los en breng op smaak met peper en zout.
b) Verhit olijfolie in een pan.
c) Giet de losgeklopte eieren in de pan.
d) Voeg tomaten, olijven, basilicum en stukjes tonijn toe.
e) Kook tot de omelet gestold is, vouw hem dicht en serveer.

2. Niçoise Ontbijtsalade

INGREDIËNTEN:
- 2 kopjes gemengde groenten
- 1/2 kopje gekookte krieltjes, gehalveerd
- 1/4 kop sperziebonen, geblancheerd en gehakt
- 2 gekookte eieren, in plakjes gesneden
- 1/4 kop kerstomaatjes, gehalveerd
- 2 eetlepels Niçoise-olijven
- 2 eetlepels olijfolie
- 1 eetlepel rode wijnazijn
- Zout en peper naar smaak

INSTRUCTIES:
a) Schik de gemengde groenten op een bord.
b) Garneer met krieltjes, sperziebonen, gekookte eieren, tomaten en olijven.
c) Meng in een kleine kom olijfolie, rode wijnazijn, zout en peper.
d) Druppel de dressing over de salade en schep om voor het serveren.

3.Niçoise Avocado Toast

INGREDIËNTEN:
- 2 sneetjes volkorenbrood, geroosterd
- 1 rijpe avocado, gepureerd
- 1/2 kop kerstomaatjes, gehalveerd
- 2 eetlepels Niçoise-olijven, in plakjes gesneden
- 1 eetlepel kappertjes
- 1 eetlepel verse peterselie, gehakt
- Citroensap
- Zout en peper naar smaak

INSTRUCTIES:
a) Verdeel de gepureerde avocado gelijkmatig over de geroosterde sneetjes brood.
b) Werk af met kerstomaatjes, olijven, kappertjes en verse peterselie.
c) Knijp het citroensap over de toppings en breng op smaak met peper en zout.

4.Niçoise Ontbijtwrap

INGREDIËNTEN:
- 1 grote volkoren wrap
- 1/2 kop gekookte quinoa
- 1/4 kopje kikkererwten uit blik, uitgelekt en gespoeld
- 1/4 kop kerstomaatjes, gehalveerd
- 2 eetlepels Niçoise-olijven, in plakjes gesneden
- 1 eetlepel fetakaas, verkruimeld
- Verse basilicumblaadjes
- Olijfolie

INSTRUCTIES:
a) Leg de wrap plat en verdeel de gekookte quinoa in het midden.
b) Voeg kikkererwten, kerstomaatjes, olijven, feta en verse basilicum toe.
c) Besprenkel met olijfolie.
d) Vouw de zijkanten van de wrap om en rol hem op, eventueel vastzetten met tandenstokers. Snijd doormidden en serveer.

5. Fougasse aux olijven

INGREDIËNTEN:
- 1 eetlepel Broodmachinegist
- 2½ kopje broodmeel
- 2 theelepels suiker
- ¼ theelepel zout
- ½ kopje warme melk
- ½ kopje water
- ¼ kopje Fruitige olijfolie, + extra voor het bestrijken van het deeg
- ⅓ kopje Gehakte Niçoise of groene olijven

INSTRUCTIES:
a) Combineer de gist, bloem, suiker, zout, melk, water en ¼ kopje olijfolie in de broodmachinepan en verwerk het op de deegstand. Leg aan het einde van de cyclus het deeg op een licht met bloem bestoven bord en kneed de olijven erdoor.

b) Draai de broodvorm over het deeg en laat het 15 minuten rusten.

c) Verdeel het deeg in twee gelijke stukken en rol elk stuk uit tot een rechthoek van 8 bij 10 inch. Plaats elke rechthoek op een met bakpapier bedekte bakplaat.

d) Maak twee rijen van 6 tot 8 gelijkmatig verdeelde diagonale inkepingen, snijd ze helemaal door het deeg.

e) Open deze spleten door ze met je handen goed uit elkaar te trekken. Bestrijk de flatbreads met olijfolie en laat ze rijzen tot het deeg gepoft is, ongeveer 20 minuten.

f) Verwarm de oven voor op 375 F. Nadat de broden gezwollen zijn, bak je ze in de hete oven gedurende 15 tot 20 minuten, of tot ze goudbruin zijn. Koel op een rooster.

g) Deze kunnen het beste worden gegeten op de dag dat ze worden gemaakt, maar ze kunnen in plasticfolie worden bewaard.

6. Devilled Eggs Nicoise

INGREDIËNTEN:
- 6 eieren
- 2 eetlepels zwarte olijven, fijngehakt
- 1 kleine tomaat, zonder zaadjes en fijngehakt
- 1 theelepel Dijon-mosterd
- Sap van 1 citroen
- 1 eetlepel olijfolie
- 1 eetlepel gewone Griekse yoghurt
- 2 eetlepels verse peterselie, fijngehakt, plus meer voor garnering

INSTRUCTIES:
a) Verwarm het waterbad voor op 170 ° F.
b) Doe de eieren in de zak. Sluit af met water, plaats het in bad. Kook gedurende 1 uur.
c) Leg de eieren in een kom met koud water om af te koelen. Pel het ei voorzichtig en snijd elk ei in de lengte doormidden.
d) Schep de eierdooiers in een kom. Roer de olijven, tomaat, mosterd, citroen, olie, yoghurt en peterselie erdoor.
e) Vul de eiwitten met het eigeelmengsel. Garneer met peterselie.

7. Salade de Fruits (verse fruitsalade)

INGREDIËNTEN:
- Geassorteerd vers fruit (bijvoorbeeld aardbeien, perziken, meloenen) - ongeveer 2 kopjes
- Muntblaadjes ter garnering
- 2 eetlepels honing
- Sap van één citroen

INSTRUCTIES:
a) Snijd het verse fruit in blokjes en doe ze in een mengkom.
b) Sprenkel honing en citroensap over de vruchten en schep ze voorzichtig om.
c) Garneer met muntblaadjes en serveer gekoeld.

8. Niçoise roerei

INGREDIËNTEN:
- Twee eetlepels boter
- Half kopje slagroom
- Een snufje zout
- Een snufje zwarte peper
- Twee eetlepels gehakte verse bieslook
- Vier eieren
- Eén rode uien
- Een theelepel gehakte knoflook
- Sneetjes Niçoisebrood

INSTRUCTIES:
a) Neem een grote pan.
b) Voeg de boter toe en laat smelten.
c) Voeg de gesnipperde ui toe.
d) Kook de ui tot hij zacht is.
e) Voeg de gehakte knoflook toe.
f) Meng de uien en knoflook gedurende twee minuten.
g) Voeg de eieren toe en laat koken.
h) Roer het mengsel door elkaar.
i) Voeg het zout en de peper toe.
j) Voeg op het laatst de slagroom toe.
k) Als de eieren klaar zijn, kun je ze uitdelen.
l) Voeg de vers gesneden bieslook erbovenop toe.

9.Niçoise Beignets

INGREDIËNTEN:
- Half kopje boter
- Vier eieren
- Twee kopjes meel
- Eén kopje melk
- Eén eetlepel bakpoeder
- Poedersuiker, één kopje

INSTRUCTIES:
a) Neem een grote kom.
b) Meng alle ingrediënten behalve de poedersuiker in een grote kom.
c) Vorm een halfdik deeg van het mengsel.
d) Verhit een pan vol olie.
e) Voeg een lepel beslag toe aan de olie.
f) Bak de beignets.
g) Serveer de beignets als ze goudbruin zijn geworden.
h) Laat de beignets afkoelen.
i) Voeg de poedersuiker toe over de hele beignets.

10.Ontbijt Chaussons Aux Pommes

INGREDIËNTEN:
- Half kopje volle melk
- Eén eetlepel suiker
- Eén kopje bloem voor alle doeleinden
- Twee eieren
- Vijf eetlepels boter
- Eén kopje slagroom
- Een theelepel vanille-extract
- Eén kopje appels

INSTRUCTIES:
a) Neem een pan en doe het water erin.
b) Voeg de melk, boter, suiker, room, vanille-extract en zout toe.
c) Kook het hele mengsel.
d) Voeg de bloem eraan toe en meng goed.
e) Kook het mengsel gedurende twee minuten.
f) Verwijder het als het deeg is gevormd.
g) Doe het deeg in een kom.
h) Voeg de eieren eraan toe.
i) Het mengsel het beste tot het deeg glad wordt.
j) Maak de trekjes van de gewenste vorm.
k) Voeg de gehakte appels toe tussen de trekjes.
l) Bak het twintig minuten.

11. Niçoise Ontbijttartine met ei en tomaat

INGREDIËNTEN:
- Twee eetlepels mayonaise
- Salade bladeren
- Half kopje slagroom
- Drie eetlepels Dijon-mosterd
- Niçoise-tartinebrood
- Een kopje gedroogde kerstomaatjes
- Twee theelepel citroensap
- Eén theelepel suiker
- Vier gebakken eieren

INSTRUCTIES:
a) Neem een grote kom.
b) Meng de mayonaise, slagroom, citroensap en suiker tot een homogeen mengsel in de kom.
c) Rooster de sneetjes brood.
d) Leg de slablaadjes op de sneetjes brood.
e) Voeg het mayonaisemengsel toe bovenop de plakjes.
f) Voeg de gebakken eieren en zongedroogde tomaten toe.
g) Sprenkel de Dijon-mosterd over elk plakje.

12. Niçoise- eieren en cocotte

INGREDIËNTEN:
- Twee eetlepels boter
- Half kopje slagroom
- Een snufje zout
- Een snufje zwarte peper
- Twee eetlepels gehakte verse bieslook Vier eieren
- Een theelepel Provençaalse kruiden
- Sneetjes Niçoisebrood

INSTRUCTIES:
a) Neem een grote kom.
b) Voeg alle ingrediënten toe behalve de bieslook erin.
c) Meng alles goed.
d) Giet het mengsel in een ovenschaal.
e) Plaats de schaal in een waterbad.
f) Bak de eieren tien tot vijftien minuten.
g) Uitdelen als je klaar bent.
h) Voeg de vers gesneden bieslook erbovenop toe.

13. Ratatouille-omelet

INGREDIËNTEN:
- 4 eieren
- 1/2 kopje in blokjes gesneden paprika
- 1/2 kop in blokjes gesneden courgette
- 1/2 kopje in blokjes gesneden aubergine
- 1/4 kopje in blokjes gesneden rode ui
- 2 eetlepels olijfolie
- Zout en peper naar smaak

INSTRUCTIES:
a) In een pan bak je de paprika, courgette, aubergine en rode ui in olijfolie tot ze gaar zijn.
b) Klop de eieren los in een kom en breng op smaak met peper en zout.
c) Giet de eieren over de gebakken groenten en roer zachtjes tot de eieren gaar zijn.
d) Serveer de omelet warm, eventueel gegarneerd met verse kruiden.

VOORGERECHTEN

14. Op Niçoise geïnspireerde charcuterie

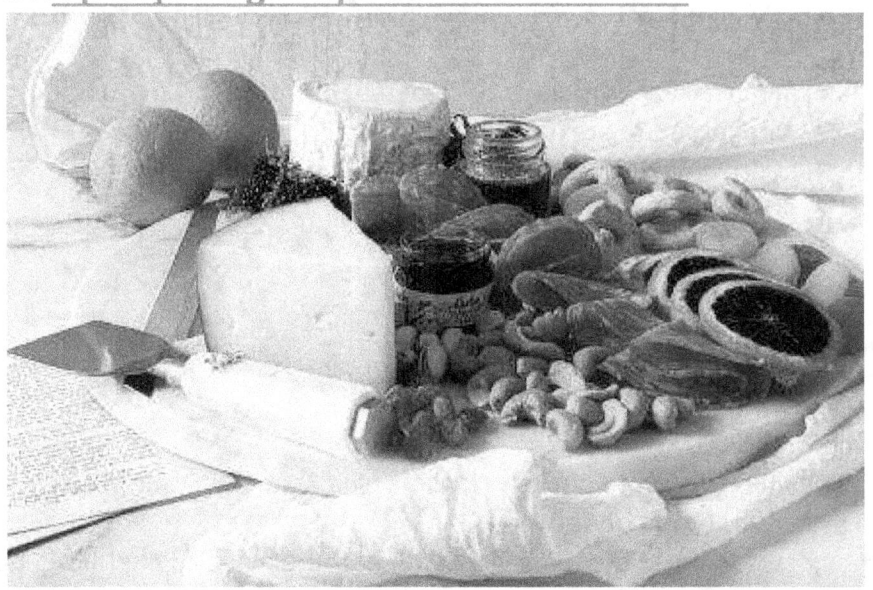

INGREDIËNTEN:
- Diverse soorten vleeswaren (zoals saucisson, jambon de Bayonne, paté of rillettes)
- Franse kazen (zoals Brie, Camembert, Roquefort of Comté)
- Stokbrood of stokbrood
- Cornichons (kleine augurken)
- Dijon mosterd
- Niçoise Olijven
- Druiven of gesneden vijgen
- Walnoten of amandelen
- Verse kruiden (zoals peterselie of tijm) ter garnering

INSTRUCTIES:
a) Kies een grote houten plank of schaal om uw Frans geïnspireerde charcuterie op te zetten.
b) Begin met het schikken van het gezouten vlees op het bord. Rol of vouw ze en plaats ze in een aantrekkelijk patroon.
c) Snijd de Franse kaas in plakjes of partjes en schik ze naast het gezouten vlees.
d) Voeg een stapel stokbrood of stokbrood toe aan het bord, een klassieke aanvulling op het vlees en de kazen.
e) Plaats een klein kommetje Dijon-mosterd op het bord om in te dippen of op het brood te smeren.
f) Voeg een kom cornichons toe, dit zijn traditionele Franse augurken, als aanvulling op de smaken van de charcuterie.
g) Verdeel een verscheidenheid aan olijven over het bord en vul eventuele resterende gaten op.
h) Plaats trossen verse druiven of gesneden vijgen rond het bord en voeg een vleugje zoetheid toe.
i) Strooi walnoten of amandelen over het hele bord voor extra textuur en smaak.
j) Garneer het bord met verse kruiden voor een finishing touch.
k) Serveer het Frans geïnspireerde charcuteriebord als aperitief of middelpunt tijdens uw bijeenkomst, zodat gasten kunnen genieten van de heerlijke combinatie van smaken en texturen.

15.Tonijntartaar met olijventapenade

INGREDIËNTEN:
- Verse tonijn van sushikwaliteit, in blokjes gesneden
- 1/4 kopje zwarte olijven, ontpit en gehakt
- 1 eetlepel kappertjes, gehakt
- 1 eetlepel verse peterselie, fijngehakt
- 1 eetlepel extra vergine olijfolie
- 1 theelepel Dijon-mosterd
- Citroensap naar smaak
- Zout en peper naar smaak
- Stokbroodplakken om te serveren

INSTRUCTIES:
a) Meng in een kom de in blokjes gesneden tonijn met olijven, kappertjes, peterselie, olijfolie, Dijon-mosterd en citroensap.
b) Breng op smaak met zout en peper.
c) Serveer de tonijntartaar op sneetjes stokbrood.

16. Niçoise Salade Loempia's

INGREDIËNTEN:
- Rijstpapier wikkels
- Romaine slablaadjes
- Tonijn uit blik, in vlokken
- Cherrytomaatjes, gehalveerd
- Niçoise-olijven, in plakjes gesneden
- Hardgekookte eieren, in plakjes gesneden
- Gekookte sperziebonen, geblancheerd
- Verse basilicumblaadjes
- Olijfolie en balsamicoazijn om te dippen

INSTRUCTIES:
a) Week een rijstpapierverpakking in warm water tot het buigzaam is.
b) Leg de verpakking plat en vul met sla, tonijn, tomaten, olijven, eieren, sperziebonen en basilicum.
c) Rol strak op en herhaal.
d) Serveer de loempia's met een dipsaus van olijfolie en balsamicoazijn.

17. Courgette en Geitenkaas Niçoise Bites

INGREDIËNTEN:
- Courgette plakjes
- Geitenkaas
- Cherrytomaatjes, gehalveerd
- Niçoise-olijven, ontpit
- Verse tijmblaadjes
- Olijfolie
- Balsamicoglazuur om te besprenkelen

INSTRUCTIES:
a) Gril of rooster de courgetteplakjes tot ze gaar zijn.
b) Beleg elk courgetteplakje met een kleine hoeveelheid geitenkaas, een halve kerstomaat en een olijf.
c) Bestrooi met verse tijmblaadjes en besprenkel met olijfolie en balsamicoglazuur.
d) Serveer als elegante, op Niçoise geïnspireerde canapés.

18. Crostini van ansjovis en geroosterde rode paprika

INGREDIËNTEN:
- Stokbroodplakken, geroosterd
- Ansjovisfilets
- Geroosterde rode paprika, in plakjes gesneden
- Romige geitenkaas
- Verse basilicumblaadjes
- Olijfolie om te besprenkelen

INSTRUCTIES:
a) Verdeel op elk sneetje geroosterd stokbrood een laagje geitenkaas.
b) Beleg met een ansjovisfilet en een plakje geroosterde rode paprika.
c) Garneer met verse basilicumblaadjes en besprenkel met olijfolie.
d) Serveer deze crostini als een smaakvol Niçoise-geïnspireerd voorgerecht.

19. Pissaladière

INGREDIËNTEN:
- Pizzadeeg of bladerdeeg
- 2 grote uien, in dunne plakjes gesneden
- 1/4 kopje olijfolie
- 1 theelepel gedroogde tijm
- Ansjovis (ingeblikt of in potjes)
- Zwarte olijven, ontpit

INSTRUCTIES:
a) Verwarm de oven voor op 200 °C.
b) Fruit de uien in olijfolie tot ze gekarameliseerd zijn en roer er dan de gedroogde tijm door.
c) Rol het pizzadeeg of bladerdeeg uit en leg het op een bakplaat.
d) Verdeel de gekarameliseerde uien gelijkmatig over het deeg, schik de ansjovis kruislings en plaats de olijven tussen de ansjovis.
e) Bak tot de korst goudbruin is. Snijd en serveer warm of op kamertemperatuur.

20.Pan Bagnat

INGREDIËNTEN:
- Niçoise stokbrood of rond brood
- Tonijn uit blik, uitgelekt
- Cherrytomaatjes, gehalveerd
- Rode ui, in dunne plakjes gesneden
- Groene paprika, in dunne plakjes gesneden
- Zwarte olijven, in plakjes gesneden
- Olijfolie, rode wijnazijn, zout en peper voor de dressing

INSTRUCTIES:
a) Snijd het stokbrood doormidden en hol een deel van het brood vanuit het midden uit.
b) Meng tonijn, tomaten, rode ui, paprika en olijven in een kom.
c) Meng in een andere kom olijfolie, rode wijnazijn, zout en peper voor de dressing.
d) Vul het stokbrood met het tonijnmengsel, giet de dressing erover en druk de helften op elkaar. Wikkel het in plastic en laat het een tijdje staan, zodat de smaken zich kunnen vermengen.

21. Tapenade

INGREDIËNTEN:
- 1 kopje ontpitte zwarte olijven
- 2 eetlepels kappertjes
- 2 ansjovisfilets
- 1 teentje knoflook
- 2 eetlepels vers citroensap
- 1/4 kopje olijfolie
- Verse peterselie ter garnering

INSTRUCTIES:
a) Meng in een keukenmachine olijven, kappertjes, ansjovis, knoflook en citroensap.
b) Pulseer tot het mengsel een grove pasta wordt.
c) Terwijl de processor draait, giet je langzaam de olijfolie erbij tot alles goed gemengd is.
d) Garneer met gehakte verse peterselie. Serveer met knapperig brood of crackers.

22. Niçoise- uientaart

INGREDIËNTEN:
- Twee eetlepels Provençaalse kruiden
- Half kopje boter
- Een pakje taartdeeg
- Half kopje room
- Twee eetlepels gehakte knoflook
- Twee kopjes ui
- Twee eetlepels olijfolie
- Boter om in te vetten

INSTRUCTIES:
a) Neem een grote pan.
b) Voeg de olie en ui toe aan de pan.
c) Kook de ui en voeg de kruiden en knoflook toe aan het mengsel.
d) Laat het afkoelen zodra het gaar is.
e) Neem een grote kom.
f) Voeg de room toe en klop het goed op.
g) Maak het schuimig en voeg dan de boter toe.
h) Klop het mengsel goed op en voeg vervolgens het uienmengsel toe aan de boter.
i) Meng het mengsel goed.
j) Leg het taartdeeg in ingevette taartvormen.
k) Bak het gerecht tien tot vijftien minuten goed.
l) Voeg de gehakte koriander erbovenop toe.

23. Niçoise Kaassoufflé

INGREDIËNTEN:
- Acht eieren
- Vier druppels citroensap
- Twee kopjes melk
- Een snufje zout
- Vijf ons gruyère-kaas
- Half kopje bloem
- Vijf eetlepels boter

INSTRUCTIES:
a) Neem een grote kom.
b) Voeg alle ingrediënten toe aan de kom.
c) Meng alle ingrediënten goed.
d) Giet het mengsel in een ovenschaal.
e) Bak het gerecht twintig minuten.

24. Niçoise- taarten

INGREDIËNTEN:
- Twee eetlepels olijfolie
- Half kopje gehakte sjalotjes
- Een theelepel gehakte knoflook
- Anderhalf kopje bloem voor alle doeleinden
- Een snufje zwarte peper
- Een snufje zout
- Half kopje melk
- Anderhalf kopje kaas
- Drie hele eieren

INSTRUCTIES:
a) Neem een grote koekenpan.
b) Voeg twee eetlepels olijfolie en de gehakte sjalotjes toe aan de koekenpan.
c) Kook de sjalotjes een paar minuten tot ze lichtbruin worden.
d) Voeg de gehakte knoflook toe aan de koekenpan.
e) Voeg zout en zwarte peper toe aan de koekenpan en meng goed.
f) Zet het vuur uit en laat het mengsel afkoelen.
g) Neem een grote kom.
h) Voeg de eieren en de melk toe aan de kom.
i) Klop goed en doe dan de bloem en het gekookte mengsel in de kom.
j) Meng alles goed.
k) Giet het mengsel in een ingevette broodvorm.
l) Voeg de kaas toe bovenop het beslag.
m) Plaats de pan in een voorverwarmde oven en bak het brood.
n) Serveer het brood na veertig minuten.

25. Niçoise Olijftapenade

INGREDIËNTEN:
- Anderhalf kopje ansjovis
- Een eetlepel gehakte kappertjes
- Half kopje zwarte olijven
- Twee eetlepels tijm
- Halve theelepel zout
- Twee theelepels gehakte knoflook
- Eén theelepel olijfolie

INSTRUCTIES:
a) Neem een blender.
b) Voeg alle ingrediënten toe aan de blender.
c) Meng alle ingrediënten.
d) Serveer het als het goed is gemengd.
e) Serveer het met sneetjes brood.

26. Provençaalse Tomaten-Basilicum Bruschetta

INGREDIËNTEN:
- Stokbrood plakjes
- Rijpe tomaten, in blokjes gesneden
- Verse basilicum, gehakt
- Teentjes knoflook, fijngehakt
- Olijfolie
- Balsamico azijn
- Zout en peper naar smaak

INSTRUCTIES:
a) Rooster de sneetjes stokbrood in de oven of op de grill.
b) Meng in een kom de in blokjes gesneden tomaten, basilicum, gehakte knoflook, olijfolie en balsamicoazijn.
c) Breng op smaak met zout en peper.
d) Schep het tomatenmengsel op de geroosterde sneetjes stokbrood en serveer.

27. Aardappelsalade Niçoise

INGREDIËNTEN:
- Drie eetlepels groentebouillon
- Eén kopje wortel
- Half kopje verse tijm
- Een kopje Niçoise-aardappelen
- Halve theelepel gerookte paprika
- Twee eetlepels gehakte knoflook
- Half kopje gehakte selderij
- Twee eetlepels olijfolie
- Twee eetlepels honing
- Half kopje dijonmosterd

INSTRUCTIES:
a) Neem een grote pan.
b) Voeg de olie en de aardappelen toe aan de pan.
c) Roerbak de aardappelen en voeg vervolgens de groentebouillon toe.
d) Laat de aardappelen ongeveer dertig minuten koken of totdat de vloeistof in de pan opdroogt.
e) Voeg de overige ingrediënten toe in een kom.
f) Meng alle ingrediënten goed tot een homogeen mengsel.
g) Voeg de gekookte aardappelen toe aan het mengsel.
h) Meng de salade om er zeker van te zijn dat alles goed gemengd is.

28. Niçoise Kiphapjes

INGREDIËNTEN:
- Twee eetlepels olijfolie
- Half kopje gehakte verse dille
- Eén kop gekookte kip
- Sneetjes brood
- Een kopje gehakte verse bieslook
- Een kopje gehakte tomaten
- Een theelepel kruidenmixpoeder
- Eén kopje ui
- Halve theelepel gerookte paprika
- Eén kopje crème fraîche
- Een snufje zout
- Eén eetlepel boter
- Een theelepel zwarte peper

INSTRUCTIES:
a) Neem een pan.
b) Voeg de olie en uien toe.
c) Kook de uien tot ze zacht en geurig worden.
d) Voeg de gekookte kip eraan toe.
e) Voeg de kruiden toe.
f) Voeg de overige ingrediënten toe aan het mengsel.
g) Neem de sneetjes brood en smeer ze op beide kanten met boter.
h) Rol het op en plaats het in een ovenschaal.
i) Voeg het mengsel toe bovenop de sneetjes brood.
j) Bak de sneetjes brood twintig minuten.

29. Rouille-dip

INGREDIËNTEN:
- 1/2 kopje mayonaise
- 2 teentjes knoflook, fijngehakt
- 1 theelepel Dijon-mosterd
- 1 eetlepel tomatenpuree
- 1 theelepel paprikapoeder
- Snufje cayennepeper
- Olijfolie

INSTRUCTIES:
a) Meng in een kom mayonaise, gehakte knoflook, Dijon-mosterd, tomatenpuree, paprikapoeder en cayennepeper.
b) Voeg langzaam olijfolie toe terwijl u zwaait tot het mengsel een romige consistentie heeft.
c) Serveer als dip bij verse groenten, brood of als saus bij zeevruchten.

30. Herbes de Provence-popcorn

INGREDIËNTEN:
- Popcornkorrels
- 2 eetlepels gesmolten boter
- 1 theelepel Herbes de Provence (gedroogde mix van bonenkruid, marjolein, rozemarijn, tijm en oregano)
- Zout naar smaak

INSTRUCTIES:
a) Pop de popcornpitten volgens de instructies op de verpakking.
b) Sprenkel de gesmolten boter over de popcorn en meng gelijkmatig.
c) Strooi Herbes de Provence en zout over de popcorn en roer opnieuw om de smaken te verdelen.

31. Crostini met Geitenkaas en Honing

INGREDIËNTEN:
- Stokbrood plakjes
- Geitenkaas
- Honing
- Verse tijmblaadjes

INSTRUCTIES:
a) Rooster de sneetjes stokbrood goudbruin.
b) Verdeel geitenkaas op elk plakje.
c) Sprenkel de honing over de geitenkaas en garneer met verse tijmblaadjes.
d) Serveer als een heerlijk en gemakkelijk te maken voorgerecht.

SALADES

32. Klassieke Niçoise-salade met gegrilde tonijn

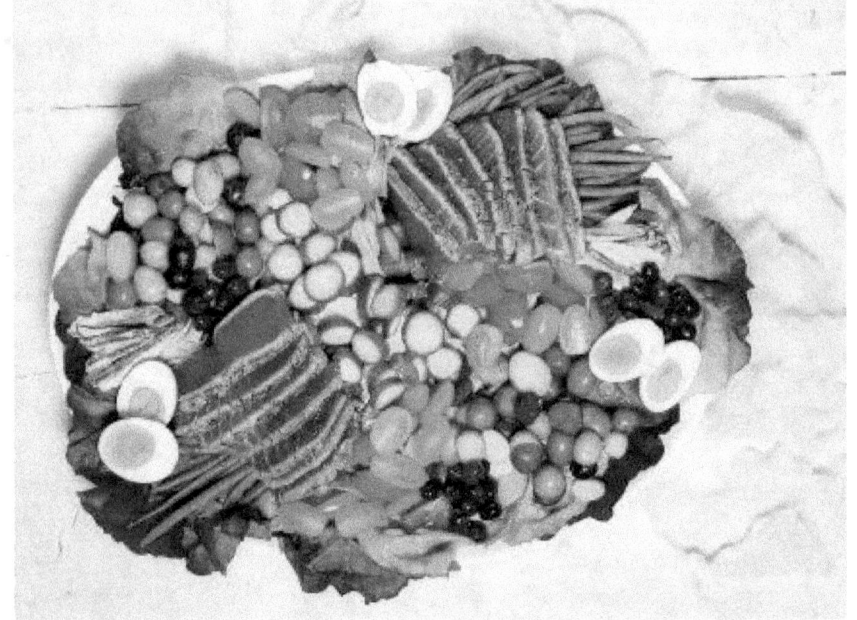

INGREDIËNTEN:
- Verse tonijnsteaks
- Gemengde groene salades (zoals Romeinse sla)
- Cherrytomaatjes, gehalveerd
- Niçoise olijven
- Hardgekookte eieren, in plakjes gesneden
- Sperziebonen, geblancheerd
- Rode aardappelen, gekookt en in plakjes gesneden
- Ansjovis (optioneel)
- Olijfolie en rode wijnazijn voor dressing
- Verse basilicum of peterselie ter garnering

INSTRUCTIES:
a) Grill de tonijnsteaks naar eigen smaak.
b) Schik de groene salades op een bord en beleg met kerstomaatjes, Niçoise-olijven, gesneden hardgekookte eieren, sperziebonen en gekookte aardappelen.
c) Leg de gegrilde tonijn erop.
d) Garneer eventueel met ansjovis, besprenkel met olijfolie en rode wijnazijn en strooi er verse basilicum of peterselie over.

33. Tonijn Niçoise Salade

INGREDIËNTEN:
- 1½ kopje baby- of jonge aardappelen, of 1 grote roodbruine of rode aardappel in plakjes gesneden
- 1 eetlepel olijfolie
- 1 teentje knoflook, geperst, of 1 theelepel gehakte knoflook uit een potje
- Snufje zout
- Zwarte peper naar smaak
- 4 kopjes lentemixsalade
- 1 kopje gekookte sperziebonen
- 2 zachtgekookte eieren, gepeld, in plakjes gesneden
- 1 5-ounce blikje met olie verpakte tonijn, uitgelekt
- Go-to Honey Dijon-saladedressing

INSTRUCTIES:
a) Verwarm de oven voor op 425 graden.
b) Leg de aardappelen op een bakplaat bekleed met bakpapier. Druppel de olie over de aardappelen. Voeg de knoflook toe, meng de knoflook erdoor en bestrijk de aardappelen met de olie.
c) Bak gedurende 25 minuten, of tot de vork gaar is. Zet opzij om af te koelen en snijd dan in plakjes van ¼ inch.
d) Verdeel het lentemengsel gelijkmatig over twee borden. Leg op elk bord een gesneden ei. Schik de sperziebonen naast het ei. Voeg vervolgens de tonijn toe.
e) Leg de aardappelen op het saladebord.
f) Sprenkel de Go-to Honey Dijon Salad Dressing gelijkmatig over elke salade en serveer.

34. Mason jar niçoise salade

INGREDIËNTEN:

- 2 middelgrote eieren
- 2 ½ kopjes gehalveerde sperziebonen
- 3 (7-ounce) blikjes witte tonijn verpakt in water, uitgelekt en gespoeld
- ¼ kopje extra vergine olijfolie
- 2 eetlepels rode wijnazijn
- 2 eetlepels in blokjes gesneden rode ui
- 2 eetlepels gehakte verse peterselieblaadjes
- 1 eetlepel gehakte verse dragonblaadjes
- 1 ½ theelepel Dijon-mosterd
- Kosjer zout en versgemalen zwarte peper, naar smaak
- 1 kop gehalveerde kerstomaatjes
- 4 kopjes gescheurde botersla
- 3 kopjes rucolablaadjes
- 12 Kalamata-olijven
- 1 citroen, in partjes gesneden (optioneel)

INSTRUCTIES:

a) Doe de eieren in een grote pan en bedek ze met koud water tot 2,5 cm. Breng aan de kook en kook gedurende 1 minuut. Bedek de pot met een goed sluitend deksel en haal van het vuur; laat 8 tot 10 minuten zitten.

b) Blancheer ondertussen de sperziebonen in een grote pan met kokend gezouten water tot ze heldergroen van kleur zijn, ongeveer 2 minuten. Giet af en laat afkoelen in een kom met ijswater. Goed laten uitlekken. Giet de eieren af en laat afkoelen voordat u ze pelt en in de lengte doormidden snijdt.

c) Meng in een grote kom de tonijn, olijfolie, azijn, ui, peterselie, dragon en Dijon tot ze net gemengd zijn; breng op smaak met peper en zout.

d) Verdeel het tonijnmengsel in 4 glazen potten met brede opening en deksel. Beleg met sperziebonen, eieren, tomaten, botersla, rucola en olijven. Maximaal 3 dagen in de koelkast bewaren.

e) Schud de inhoud van een pot om te serveren. Serveer onmiddellijk, indien gewenst met partjes citroen.

35. Salade van witte vis Niçoise

INGREDIËNTEN:
- 2 witte visfilets, gekookt en in vlokken
- 4 kopjes gemengde saladegroenten
- 4 hardgekookte eieren, gehalveerd
- 1 kop kerstomaatjes, gehalveerd
- 1/2 kop gesneden komkommers
- 1/4 kopje gesneden zwarte olijven
- 2 eetlepels kappertjes
- Sap van 1 citroen
- 3 eetlepels olijfolie
- Zout en peper naar smaak

INSTRUCTIES:
a) Meng in een grote slakom de vlokken witte vis, gemengde slagroenten, gehalveerde hardgekookte eieren, kerstomaatjes, gesneden komkommers, gesneden zwarte olijven en kappertjes.
b) Meng in een kleine kom het citroensap, de olijfolie, het zout en de peper tot de dressing.
c) Giet de dressing over de salade en roer voorzichtig door elkaar.
d) Serveer de witte vis Niçoise-salade gekoeld.

36.Salade Niçoise

INGREDIËNTEN:
- 3 kopjes eerder gekookte sperziebonen in een kom
- 3 in vieren gesneden tomaten in een kom
- ¾ tot 1 kopje vinaigrette
- 1 krop Boston-sla, gescheiden, gewassen en gedroogd
- Een grote slakom of ondiepe schaal
- 3 kopjes koude Franse aardappelsalade (vorig recept)
- ½ kopje zwarte olijven zonder pit, bij voorkeur van het droge mediterrane type
- 3 hardgekookte eieren, koud, gepeld en in vieren gesneden
- 12 ansjovisfilets uit blik, uitgelekt, plat of opgerold met kappertjes
- Ongeveer 1 kop tonijn uit blik, uitgelekt

INSTRUCTIES:
a) Gooi de slablaadjes in de slakom met ¼ kopje vinaigrette en plaats de blaadjes over de kom.
b) Schik de aardappelen op de bodem van de kom, versier met de bonen en tomaten en bestrooi ze met een ontwerp van tonijn, olijven, eieren en ansjovis.
c) Giet de resterende dressing over de salade, bestrooi met kruiden en serveer.

37. Niçoise Bowls met linzen en gerookte zalm

INGREDIËNTEN:
- ¾ kopje (144 g) Franse linzen
- Kosjer zout en versgemalen zwarte peper
- 8 jonge aardappelen, in de lengte gehalveerd
- 2 eetlepels (30 ml) avocado- of extra vergine olijfolie, verdeeld
- 1 sjalot, in blokjes gesneden
- 168 g sperziebonen, bijgesneden
- 2 verpakte kopjes (40 g) rucola
- 1 kop (150 g) druiventomaten, gehalveerd
- 8 radijsjes, in vieren
- 1 bol venkel, schoongemaakt en in dunne plakjes gesneden
- 4 hardgekookte eieren, gehalveerd
- 4 ons (115 g) in dunne plakjes gesneden gerookte zalm
- 1 recept Witte wijn-citroenvinaigrette

INSTRUCTIES:

a) Verwarm de oven voor op 220°C (of gasstand 7).

b) Voeg de linzen en een flinke snuf zout toe aan een middelgrote pan en zet het water minimaal 5 cm onder water. Breng aan de kook, zet het vuur laag en laat het ongeveer 25 minuten zachtjes koken. Giet het overtollige water af.

c) Meng de aardappelen met 1 eetlepel (15 ml) olie, zout en peper. Schik in een enkele laag op een omrande bakplaat. Rooster tot ze zacht en lichtbruin zijn, ongeveer 20 minuten. Opzij zetten.

d) Verhit ondertussen de resterende 1 eetlepel (15 ml) olie in een koekenpan op middelhoog vuur. Fruit de sjalot tot hij zacht is, ongeveer 3 minuten. Voeg de sperziebonen toe en breng op smaak met peper en zout.

e) Kook, af en toe roerend, tot het zacht is, ongeveer 5 minuten.

f) Verdeel voor het serveren de linzen en rucola over kommen. Beleg met knapperige aardappelen, sperziebonen, tomaten, radijs, venkel, ei en gerookte zalm.

g) Besprenkel met witte wijn-citroenvinaigrette.

38.Salade van aangebraden blauwvintonijn Niçoise

INGREDIËNTEN:
SALADE
- 225 g kleine rode aardappelen
- 4 grote eieren
- Grote hand gemengde sla
- 400 g Dinko Zuidelijke Blauwvintonijn
- 200 gram kerstomaatjes
- ½ kopje niçoise-olijven
- Zout en peper

DRESSING
- 1/3 kopje olijfolie
- 1/3 kopje rode wijnazijn
- 1 eetlepel Dijon-mosterd

INSTRUCTIES:
a) Doe de olijfolie, rode wijnazijn en Dijon-mosterd in een glazen pot en schud.
b) Doe de eieren in een grote pan en bedek ze met water. Zodra het water kookt, zet u de brander uit en laat u hem 10-15 minuten staan. Zeef het water uit de pan, vul het met koud water en laat het staan.
c) Schil de aardappelen, snijd ze in vieren, doe ze in een pan en bedek ze met water. Breng aan de kook, zet het vuur lager en laat 12 minuten koken.
d) Verhit een grote gietijzeren koekenpan op middelhoog vuur en bestrijk de koekenpan vervolgens lichtjes met kookspray.
e) Bestrijk de Dinko zuidelijke blauwvintonijnsteaks met zout en peper en plaats de tonijn in de koekenpan. Schroei de tonijn gedurende 2 minuten aan elke kant. Zet opzij en laat afkoelen.
f) Haal de eieren uit het water; schillen en in de lengte doormidden snijden.
g) Snijd de tonijnsteaks in dunne plakjes over de korrel.
h) Meng tomaten, olijven, gemengde sla en aardappelen in een grote kom. Meng voorzichtig.
i) Verdeel de saladmix over vier borden; top met plakjes tonijn en eieren.
j) Besprenkel met dressing en serveer.

39. Gedeconstrueerde Nicoise-salade

INGREDIËNTEN:
- Tonijnsteaks - één per persoon, gegrild met olijfolie, zout en peper
- 2 nieuwe aardappelen per persoon
- 5-8 bonen per persoon
- 10 olijven per persoon
- 1 zachtgekookt ei per persoon
- Ansjovis mayonaise

INSTRUCTIES:
a) Kook de aardappelen en snijd ze in partjes.
b) Pel de zachtgekookte eieren.
c) Blancheer de bonen.
d) BBQ de tonijnsteaks.
e) Constructie, eindigend met de tonijnsteaks erop.
f) Besprenkel met ansjovismayonaise.

40.Salade van gegrilde tonijn Nicoise

INGREDIËNTEN:
- 2 eetlepels champagneazijn
- 1 eetlepel gehakte dragon
- 1 theelepel Dijon-mosterd
- 1 kleine sjalot, fijngehakt
- 1/2 theelepel fijn zeezout
- 1/4 theelepel gemalen zwarte peper
- 1/4 kopje olijfolie
- 1 (1 pond) verse of bevroren en ontdooide tonijnsteak
- Olijfolie kookspray
- 1 1/2 pond kleine nieuwe aardappelen, gaar gekookt en afgekoeld
- 1/2 pond sperziebonen, bijgesneden, gekookt tot ze zacht zijn en afgekoeld
- 1 kop gehalveerde kerstomaatjes
- 1/2 kop ontpitte Nicoise-olijven
- 1/2 kop dun gesneden rode ui
- 1 hardgekookt ei, geschild en in partjes gesneden (optioneel)

INSTRUCTIES:

a) Meng azijn, dragon, dijon, sjalot, zout en peper. Klop langzaam de olijfolie erdoor tot een vinaigrette.

b) Sprenkel 2 eetlepels vinaigrette over de tonijnsteaks, dek af en zet 30 minuten in de koelkast.

c) Spuit de grill in met kookspray en verwarm voor op middelhoog vuur. Grill de tonijn tot hij gaar is tot de gewenste gaarheid (5 tot 7 minuten aan elke kant).

d) Snij de tonijn in grote stukken. Schik tonijn, aardappelen, sperziebonen, tomaten, olijven, ui en ei op een grote schaal. Serveer met de overgebleven vinaigrette ernaast.

41. Mostaccioli-salade Nicoise

INGREDIËNTEN:
- 1 pond Mostaccioli of penne pasta, ongekookt
- 2 pond verse sperziebonen, gestoomd tot ze zacht en knapperig zijn
- 2 middelgrote groene paprika's, in stukjes gesneden
- 1 pint kerstomaatjes, in vieren
- 2 kopjes gesneden bleekselderij
- 1 kopje gesneden groene uien
- 10-20 rijpe olijven zonder pit (Kalamata), in plakjes gesneden (of naar smaak)
- 2 (7-ounce) blikjes witte tonijn (Albacore), met water gevuld, uitgelekt en in vlokken

DRESSING:
- 1/2 kop olijfolie of plantaardige olie
- 1/4 kopje rode wijnazijn
- 3 teentjes knoflook, fijngehakt
- 4 theelepels mosterd in Dijon-stijl
- 1 theelepel zoutvrije kruidenkruiden
- 1 theelepel basilicumblaadjes (vers of gedroogd)
- 1/4 theelepel peper

INSTRUCTIES:
a) Bereid pasta zoals aangegeven op de verpakking.
b) Terwijl de pasta kookt, snijdt u de groenten en olijven en combineert u deze met tonijn in een grote kom.
c) Meng olie, azijn, knoflook, mosterd, kruidenkruiden, basilicum en peper.
d) Nadat de pasta klaar is, giet je deze af en doe je deze in de grote kom met groenten.
e) Giet de dressing over de pasta en roer goed door elkaar.
f) Dek af en laat afkoelen tot de smaken samensmelten (ongeveer 1-2 uur, langer voor een betere smaak).
g) Roer af en toe terwijl het afkoelt, serveer en geniet ervan!

42.Klassieke Salade Nicoise met Tonijn

INGREDIËNTEN:
- 115 g sperziebonen (schoongemaakt en gehalveerd)
- 115 g gemengde slablaadjes
- 1/2 kleine komkommer (in dunne plakjes gesneden)
- 4 rijpe tomaten (in vieren)
- 50 g ansjovis uit blik (uitgelekt) - optioneel
- 4 eieren (hardgekookt en in vieren OF gepocheerd)
- 1 klein blikje tonijn in pekel
- Zout en gemalen zwarte peper
- 50 g kleine zwarte olijven - optioneel

DRESSING:
- 4 eetlepels extra vergine olijfolie
- 2 teentjes knoflook (geplet)
- 1 eetl witte wijnazijn

INSTRUCTIES:
a) Klop voor de dressing de laatste 3 ingrediënten door elkaar, breng op smaak met zout en zwarte peper en zet opzij.
b) Kook de sperziebonen ongeveer 2 minuten (blancheren) of tot ze licht gaar zijn en laat ze uitlekken.
c) Meng in een grote kom slablaadjes, komkommer, tomaten, sperziebonen, ansjovis, olijven en dressing door elkaar.
d) Werk af met de in vieren gesneden ei(en) en de tonijnvlokken (zodat hij zijn vorm niet verliest).
e) Serveer onmiddellijk en geniet ervan!

43. Niçoise Salade van gerookte zalm Nicoise

INGREDIËNTEN:
- Eén kopje wortel
- Half kopje verse tijm
- Eén kopje gerookte zalm
- Halve theelepel gerookte paprika
- Twee eetlepels gehakte knoflook
- Half kopje gehakte selderij
- Twee eetlepels olijfolie
- Twee eetlepels honing
- Geitenkaas, één kopje
- Dijon-mosterd, half kopje

INSTRUCTIES:
a) Neem een grote kom.
b) Voeg alle ingrediënten toe in een kom.
c) Meng alle ingrediënten goed tot een homogeen mengsel.
d) Meng de salade om er zeker van te zijn dat alles goed gemengd is.

44. Tonijn-ansjovissalade Nicoise

INGREDIËNTEN:

- 8 kleine rode aardappelen (gekookt)
- 2 pond sperziebonen (geblancheerd)
- 10 ovale kerstomaatjes
- 1 kleine paarse ui (in dunne plakjes gesneden)
- 1/2 kop olijven (ontpit)
- 6 hardgekookte eieren (in vieren)
- 2 blikjes witte tonijn van 12 oz (verpakt in olie)
- 2 oz ansjovisfilets (optioneel)
- Dressing: 1 eetlepel Dijon-mosterd, 4 eetlepels rode wijnazijn, 1/2 kopje olijfolie, 1 theelepel suiker, 1/2 theelepel zout, 1/2 theelepel peper, 1/4 kopje fijngehakte bladpeterselie

INSTRUCTIES:

a) Kook de aardappelen, snij ze in vieren als ze afgekoeld zijn. Kook en kwart eieren. Blancheer de bonen en laat afkoelen.

b) Klop de mosterd en azijn tot een gladde massa. Voeg olijfolie toe in een langzame stroom en klop tot het dikker wordt. Voeg suiker, zout, peper en gehakte peterselie toe.

c) Meng de salade door elkaar, giet het grootste deel van de dressing erbij, verdeel de eieren rond de schaal, de tonijn in het midden en besprenkel de resterende dressing over de tonijn en de eieren.

45.Geladen Nicoise-salade

INGREDIËNTEN:

- 1 krop Romeinse sla, in kleine stukjes gescheurd
- 1 krop Boston- of Bibb-sla
- 2 of 3 blikjes tonijn, uitgelekt
- 1 blikje artisjokharten, uitgelekt
- 1 kopje druiventomaten
- 6-8 groene uien, schoongemaakt
- 6-8 kleine nieuwe rode aardappelen, gestoomd, in de schil gelaten
- 1 blikje ansjovisfilets, geweekt in melk, drooggedept
- 3/4 pond verse sperziebonen, geblancheerd
- 4 hardgekookte eieren, in vieren
- 2 sjalotjes, fijngehakt
- 1 teentje knoflook, geperst
- 1,5 theelepel zout
- Verse gebarsten zwarte peper
- 2 eetlepels Dijon-mosterd
- 1/3 kopje rode wijnazijn
- 2/3 kopje milde extra vergine olijfolie
- 3 eetlepels kappertjes, uitgelekt (bewaard als garnering)

INSTRUCTIES:

a) Bereid de salade zoals aangegeven en zorg voor knapperige bonen en malse aardappelen.
b) Maak de saladedressing door sjalot, knoflook, mosterd, zout en peper met azijn te kloppen.
c) Voeg langzaam terwijl u klopt de olie toe.
d) Meng de gekookte, verwarmde aardappelen met 2 eetlepels bereide dressing.
e) Gooi de sperziebonen met een kleine eetlepel dressing.
f) Stel de salade samen, schik met sla, tonijn, eieren en meer. Besprenkel met dressing.
g) Garneer met kappertjes. Serveer met de overgebleven dressing ernaast.

46. Niçoise Bowls met linzen en gerookte zalm

INGREDIËNTEN:
- ¾ kopje (144 g) Franse linzen
- Kosjer zout en versgemalen zwarte peper
- 8 jonge aardappelen, in de lengte gehalveerd
- 2 eetlepels (30 ml) avocado- of extra vergine olijfolie, verdeeld
- 1 sjalot, in blokjes gesneden
- 168 g sperziebonen, bijgesneden
- 2 verpakte kopjes (40 g) rucola
- 1 kop (150 g) druiventomaten, gehalveerd
- 8 radijsjes, in vieren
- 1 bol venkel, schoongemaakt en in dunne plakjes gesneden
- 4 hardgekookte eieren, gehalveerd
- 4 ons (115 g) in dunne plakjes gesneden gerookte zalm
- 1 recept Witte wijn-citroenvinaigrette

INSTRUCTIES
a) Verwarm de oven voor op 220°C (of gasstand 7).

b) Voeg de linzen en een flinke snuf zout toe aan een middelgrote pan en zet het water minimaal 5 cm onder water. Breng aan de kook, zet het vuur laag en laat het ongeveer 25 minuten zachtjes koken. Giet het overtollige water af.

c) Meng de aardappelen met 1 eetlepel (15 ml) olie, zout en peper. Schik in een enkele laag op een omrande bakplaat. Rooster tot ze zacht en lichtbruin zijn, ongeveer 20 minuten. Opzij zetten.

d) Verhit ondertussen de resterende 1 eetlepel (15 ml) olie in een koekenpan op middelhoog vuur. Fruit de sjalot tot hij zacht is, ongeveer 3 minuten. Voeg de sperziebonen toe en breng op smaak met peper en zout. Kook, af en toe roerend, tot het zacht is, ongeveer 5 minuten.

e) Verdeel voor het serveren de linzen en rucola over kommen. Beleg met knapperige aardappelen, sperziebonen, tomaten, radijs, venkel, ei en gerookte zalm. Besprenkel met witte wijn-citroenvinaigrette.

HOOFDGERECHT

47. Socca niçoise wraps

INGREDIËNTEN:
- 3 eieren
- 150 g fijne sperziebonen, ontdaan van de dop, van de staart ontdaan en in stukken van 3 cm gesneden
- 160 g rijpe kerstomaatjes, in vieren
- 1 Romano-peper, in blokjes gesneden
- 1/3 komkommer, in blokjes gesneden
- 4 ansjovisfilets, gehakt
- een handvol ontpitte zwarte Niçoise-olijven
- een paar basilicumblaadjes, grof gescheurd
- plantaardige olie, om te frituren
- 1 pot van 225 g tonijn van de beste kwaliteit, uitgelekt en in vlokken
- een handvol veldsla
- zout en versgemalen zwarte peper

VOOR HET SOCCA
- 250 gram kikkererwtenmeel
- 3 eetlepels olijfolie
- een takje rozemarijn, naalden geplukt en gehakt
- voor de aankleding
- 3 eetlepels olijfolie
- 2 eetlepels rode wijnazijn
- 1 teentje knoflook, gepeld
- een snufje kristalsuiker
- ½ theelepel Dijon-mosterd

INSTRUCTIES:
a) Begin met het maken van het soccabeslag. Meng in een kom het kikkererwtenmeel met 500 ml koud water, de olijfolie en de rozemarijn en breng het geheel op smaak met peper en zout. Dek af en zet een paar uur in de koelkast, zodat het beslag kan bezinken.

b) Doe voor de dressing alle ingrediënten in een afgesloten jampotje, breng op smaak met peper en zout en schud goed. Of voor een supergladde en perfect geëmulgeerde dressing: doe alle ingrediënten in een kan en pulseer met een staafmixer tot ze romig zijn. Opzij zetten.

c) Doe de eieren in een pan met koud water, breng aan de kook en kook 5-6 minuten. Laat ze onder koud water lopen tot ze koel genoeg zijn om te hanteren, pel ze dan en snijd ze in vieren. Opzij zetten.

d) Dompel de sperziebonen in kokend water en kook ze in ongeveer 4 minuten gaar. Laat goed uitlekken en laat afkoelen onder koud stromend water om snel af te koelen en het koken te stoppen. Doe het mengsel in een grote kom en voeg de tomaten, paprika, komkommer, ansjovis, olijven en basilicum toe. Giet de dressing erover en roer goed om te mengen. Als u het echter van tevoren maakt, maak de salade dan pas klaar als u klaar bent om te eten.

e) Haal het soccabeslag uit de koelkast en laat het nog een laatste keer kloppen met de garde. Op dit punt kun je het eventueel over 6 glaasjes verdelen, zodat je zeker weet dat de pannenkoeken even groot zijn. Of je kunt doen zoals ik en een goede inschatting maken! Een pollepel per pannenkoek is ongeveer goed. Neem een grote koekenpan (28-30 cm) met antiaanbaklaag en zet deze op middelhoog vuur. Als het warm is, doe je een beetje olie in de pan en bestrijk je het hele oppervlak van de pan met een stuk verfrommeld keukenpapier. Maak de eerste pannenkoek door het beslag erin te gieten en rond te draaien zodat het een ronde pannenkoek wordt. Laat het een paar minuten koken, draai het dan om met een stuk vis en bak nog een paar minuten aan de andere kant. Doe het mengsel op een bord en houd het warm in een lage oven (ongeveer 110°C/90°C Hetelucht/Gasstand ¼) terwijl je dit herhaalt met de rest van het beslag, zodat je 6 pannenkoeken krijgt.

f) Om te serveren plaats je de pannenkoeken op een bord in het midden van de tafel, samen met de salade, de tonijn, de kwartjes eieren en de sla, en laat je gasten ze zelf vullen en verpakken. Of u kunt ze zelf in elkaar zetten en strak in folie wikkelen, klaar om te eten.

48. In de pan geschroeide zalm Niçoise

INGREDIËNTEN:
- Zalmfilets
- Gemengde groene salades
- Cherrytomaatjes, gehalveerd
- Niçoise olijven
- Hardgekookte eieren, in plakjes gesneden
- Sperziebonen, geblancheerd
- krieltjes, gekookt en gehalveerd
- Kappertjes
- Citroen partjes
- Olijfolie en Dijon-mosterd voor dressing

INSTRUCTIES:
a) Kruid de zalmfilets en bak ze in de pan tot ze gaar zijn.
b) Schik de groene salades op een bord en beleg met kerstomaatjes, Niçoise-olijven, gesneden hardgekookte eieren, sperziebonen en krieltjes.
c) Leg de in de pan geschroeide zalm erop.
d) Strooi de kappertjes erover, pers de partjes citroen uit en besprenkel met een dressing gemaakt van olijfolie en Dijon-mosterd.

49.Kip Niçoise Spiesjes

INGREDIËNTEN:
- Kipfilet, in stukjes gesneden
- Cherry-tomaten
- Niçoise olijven
- Rode uien, in stukjes gesneden
- Paprika's, in stukjes gesneden
- Courgette, gesneden
- Olijfolie, knoflook en kruiden voor marinade
- Spiesjes om te grillen

INSTRUCTIES:
a) Marineer de stukjes kip in olijfolie, gehakte knoflook en kruiden.
b) Rijg de gemarineerde kip, kerstomaatjes, Niçoise-olijven, rode uien, paprika en courgette op spiesjes.
c) Grill de spiesjes tot de kip gaar is en de groenten gaar zijn.
d) Serveer met couscous of een eenvoudige salade.

50. Vegetarische Niçoise Ratatouille

INGREDIËNTEN:
- Aubergine, in blokjes gesneden
- Courgette, gesneden
- Paprika's, in blokjes gesneden
- Cherrytomaatjes, gehalveerd
- Rode uien, gesneden
- Knoflook, gehakt
- Olijfolie
- Provençaalse kruiden
- Zwarte olijven
- Kappertjes
- Verse basilicum ter garnering

INSTRUCTIES:
a) Fruit de in blokjes gesneden aubergine, de gesneden courgette, de in blokjes gesneden paprika, de kerstomaatjes en de gesneden rode uien in olijfolie tot de groenten gaar zijn.
b) Voeg gehakte knoflook en Provençaalse kruiden toe voor de smaak.
c) Roer de zwarte olijven en kappertjes erdoor.
d) Garneer voor het serveren met verse basilicum.

51. Ratatouille Provençaalse

INGREDIËNTEN:
- 1 aubergine, in blokjes gesneden
- 2 courgettes, in plakjes gesneden
- 1 paprika, in blokjes gesneden
- 2 tomaten, in blokjes gesneden
- 1 ui, fijngehakt
- 3 teentjes knoflook, fijngehakt
- Verse tijm en rozemarijn
- Olijfolie
- Zout en peper naar smaak

INSTRUCTIES:
a) Fruit de uien en knoflook in olijfolie tot ze zacht zijn.
b) Voeg aubergine, courgettes, paprika en tomaten toe. Kook tot de groenten gaar zijn.
c) Roer de verse tijm en rozemarijn erdoor. Breng op smaak met zout en peper.
d) Laat 20-30 minuten sudderen. Serveer als bijgerecht of met knapperig brood.

52. Salade van tonijn en witte bonen

INGREDIËNTEN:
- Witte bonen uit blik, uitgelekt en afgespoeld
- Tonijn uit blik, uitgelekt
- Rode ui, in dunne plakjes gesneden
- Cherrytomaatjes, gehalveerd
- Verse peterselie, gehakt
- Citroenvinaigrette (citroensap, olijfolie, Dijon-mosterd)
- Zout en peper naar smaak

INSTRUCTIES:
a) Meng in een kom witte bonen, tonijn, rode ui, kerstomaatjes en peterselie.
b) Meng in een aparte kom het citroensap, de olijfolie en de Dijon-mosterd voor de vinaigrette.
c) Giet de vinaigrette over de salade en schep om.
d) Breng op smaak met zout en peper. Koel Serveren.

53. Niçoise Klassieke Salade Lyonnaise

INGREDIËNTEN:
- Een pond gekookte stukjes pancetta
- Vier kopjes gemengde groenten
- Twee eetlepels olijfolie
- Twee teentjes knoflook
- Een kopje rode ui
- Vier gekookte eieren
- Een eetlepel Dijon-mosterd
- Twee eetlepels azijn
- Een snufje zout
- Een snufje zwarte peper

INSTRUCTIES:
a) Neem een kom.
b) Voeg de natte ingrediënten toe aan de kom.
c) Goed mengen.
d) Voeg de overige ingrediënten toe aan de kom.
e) Meng goed om een gehomogeniseerd mengsel te verkrijgen.

54. Niçoise pastinaakgratin met tijm en gruyère

INGREDIËNTEN:
- Twee eetlepels basterdsuiker
- Half kopje pastinaakplakken
- Een halve eetlepel gemalen kruidnagel
- Halve eetlepel kaneel
- Halve eetlepel nootmuskaat
- Half kopje ongezouten boter
- Halve theelepel gedroogde tijm
- Twee eieren
- Half kopje room van wijnsteen
- Twee kopjes bloem voor alle doeleinden
- Een kopje geraspte gruyère-kaas

INSTRUCTIES:
a) Neem een grote pan.
b) Verwarm het op middelhoog vuur.
c) Voeg de suiker eraan toe.
d) Verwarm het totdat het goudbruine karamel wordt.
e) Voeg de pastinaakplakken, kaneel, kruidnagel en nootmuskaat toe.
f) Verhoog het vuur en kook het gedurende vijf minuten.
g) Haal het van het vuur en laat het afkoelen.
h) Neem een grote kom en doe er kaas in.
i) Voeg de room van wijnsteen en de bloem eraan toe.
j) Voeg de gekookte pastinaak en de rest van de ingrediënten toe aan de kom.
k) Voeg de ingrediënten toe in een ovenschaal.
l) Bak de ingrediënten gedurende tien tot vijftien minuten.

55. Niçoise Filet Mignon met Béarnaisesaus

INGREDIËNTEN:
- Twee eidooiers
- Twee eetlepels olijfolie
- Half kopje Dijon-mosterd
- Een kopje Worcestershiresaus
- Twee theelepel gehakte kappertjes
- Een pond biefstukfilets
- Een kopje ansjovispasta
- Een eetlepel zwarte peper
- Twee eetlepels cognac
- Twee eetlepels Pernod
- Halve theelepel zout
- Gehakte verse bieslook
- Half kopje bearnaisesaus

INSTRUCTIES:
a) Neem een grote kom.
b) Voeg de gedroogde ingrediënten toe aan de kom.
c) Goed mengen.
d) Voeg de ansjovispuree toe aan de kom.
e) Voeg de cognac, Pernod en kruiden toe.
f) Voeg de biefstuk en de rest van de ingrediënten toe.
g) Meng de ingrediënten goed.
h) Voeg het zout en de zwarte peper toe aan de steakstukken.
i) Grill de steakstukken.
j) Serveer de stukken als de biefstuk aan beide kanten gaar is.
k) Giet de bearnaisesaus erover.

56. Niçoise Boeuf Bourguignon Taart

INGREDIËNTEN:
- Een kopje gehakt spek
- Twee eetlepels olijfolie
- Een kopje witte gehakte uien
- Een eetlepel gehakte knoflook
- Drie eetlepels bloem voor alle doeleinden
- Twee kopjes rundergehakt
- Drie kopjes rundvleesbrokken
- Eén runderbouillonblokje
- Drie kopjes rode wijn
- Een theelepel gehakte knoflook
- Een pond bruine champignons
- Drie eetlepels zachte boter
- Eén kopje gemengde kaas
- Een takje vers gehakte rozemarijn
- Een takje vers gehakte tijm
- Een takje gehakte verse peterselie
- Twee kopjes runderbouillon
- Eén pakje taartdeeg

INSTRUCTIES:
a) Neem een grote pan.
b) Voeg de boter en uien toe aan de pan.
c) Voeg de specerijen, kruiden en tomaten toe aan de pan.
d) Kook het mengsel goed.
e) Voeg het rundergehakt en de stukken rundvlees toe aan de pan.
f) Voeg de runderbouillon toe en dek de pan af, zodat het vlees goed gaar wordt.
g) Voeg de rest van de ingrediënten toe als het rundvleesmengsel uitdroogt.
h) Kook het mengsel goed.
i) Leg het taartdeeg in een ingevette ovenschaal.
j) Giet het bourguignonmengsel en bedek het met meer deeg.
k) Bak het gerecht gedurende tien minuten.
l) Voeg de gehakte peterselie erbovenop toe.

57. Niçoise Bouillabaisse

INGREDIËNTEN:

- Twee reepjes sinaasappelschil
- Drie laurierblaadjes
- Een kopje gehakte uien
- Een eetlepel zwarte peper
- Een kopje gehakte prei
- Twee eetlepels olijfolie
- Acht gedroogde pepers
- Twee theelepels gehakte knoflook
- Eén kopje mosselen
- Eén kopje gemengde mediterrane vis
- Eén kopje tomatenpuree
- Een snufje saffraan
- Een theelepel zwarte peper
- Twee kopjes rijpe tomaten
- Twee kopjes visbouillon
- Twee eetlepels pernod
- Eén steranijs
- Een snufje zout
- Een eetlepel gehakte verse bieslook

INSTRUCTIES:

a) Neem een grote pan.
b) Voeg de olie en uien toe aan de pan.
c) Kook de uien tot ze zacht en doorzichtig worden.
d) Voeg de knoflook toe aan de pan.
e) Kook het mengsel goed.
f) Voeg de tomatenpuree, de gehakte rijpe tomaten en de kruiden toe.
g) Kook het mengsel gedurende vijf minuten.
h) Voeg de mosselen en de mediterrane vis toe aan de pan.
i) Kook de ingrediënten goed.
j) Voeg de rest van de ingrediënten toe.
k) Voeg de visbouillon en de rest van de ingrediënten toe.
l) Dek de pan af en kook gedurende tien minuten.
m) Garneer het gerecht met gehakte verse bieslook.

58. Niçoise Geroosterde Kip En Aardappelen

INGREDIËNTEN:
- Twee kopjes aardappelschijfjes
- Een eetlepel koosjer zout
- Een eetlepel zwarte peper
- Twee kopjes rode wijn
- Eén laurierblad
- Eén theelepel suiker
- Een theelepel gedroogde tijm
- Eén kopje wortel
- Eén uien
- Twee kopjes stukjes kip
- Een theelepel knoflookpasta
- Half kopje tomatenpuree
- Half kopje ongezouten boter
- Twee eetlepels bloem voor alle doeleinden
- Gehakte peterselie

INSTRUCTIES:
a) Neem een grote kom.
b) Voeg de aardappelschijfjes en de kip toe aan de kom.
c) Breng de ingrediënten op smaak met peper en zout.
d) Meng de rode wijn, het laurierblad en de tijm.
e) Laat de aardappelen en de kip dertig minuten in de marinade liggen.
f) Neem een grote bakvorm.
g) Voeg de ongezouten boter toe aan de pan.
h) Voeg de gemarineerde ingrediënten eraan toe.
i) Voeg de overige ingrediënten toe aan het mengsel.
j) Rooster het gerecht dertig minuten en serveer het vervolgens.

59. Niçoise Canapés Met Gerookte Zalm

INGREDIËNTEN:
- Twee eetlepels olijfolie
- Half kopje gehakte verse dille
- Eén kopje gerookte zalm
- Sneetjes brood
- Een kopje gehakte verse bieslook
- Een kopje gehakte tomaten
- Een theelepel kruidenmixpoeder
- Eén kopje ui
- Halve theelepel gerookte paprika
- Eén kopje crème fraîche
- Een snufje zout
- Eén eetlepel boter
- Een theelepel zwarte peper

INSTRUCTIES:
a) Neem een pan.
b) Voeg de olie en uien toe.
c) Kook de uien tot ze zacht en geurig worden.
d) Voeg de gerookte zalm eraan toe.
e) Voeg de kruiden toe.
f) Voeg de overige ingrediënten toe aan het mengsel.
g) Neem de sneetjes brood en smeer ze op beide kanten met boter.
h) Rol ze op en leg ze in een ovenschaal.
i) Voeg het mengsel toe bovenop de sneetjes brood.
j) Bak de sneetjes brood twintig minuten.

60. Niçoise Sole Meunière

INGREDIËNTEN:
- Twee eetlepels bloem
- Een eetlepel zwarte peper
- Twee eetlepels olijfolie
- Half kopje Dijon-mosterd
- Een kopje Worcestershiresaus
- Twee theelepel gehakte kappertjes
- Een pond visfilets
- Een kopje ansjovispasta
- Twee eetlepels Pernod
- Halve theelepel zout
- Gehakte verse bieslook

INSTRUCTIES:
a) Neem een grote kom.
b) Voeg de gedroogde ingrediënten toe aan de kom.
c) Goed mengen.
d) Voeg de ansjovispuree toe aan de kom.
e) Voeg de Pernod en kruiden toe.
f) Voeg de biefstuk en de rest van de ingrediënten toe.
g) Meng de ingrediënten goed.
h) Grill de stukken vis.
i) Serveer de stukken als de vis aan beide kanten gaar is.

61.Lam Ratatouille

INGREDIËNTEN:
- 1 pond lamsstoofvlees
- 1 aubergine, in blokjes gesneden
- 2 courgettes, in plakjes gesneden
- 1 paprika, in blokjes gesneden
- 2 tomaten, in blokjes gesneden
- 1 ui, fijngehakt
- 3 teentjes knoflook, fijngehakt
- Verse tijm en rozemarijn
- Olijfolie
- Zout en peper naar smaak

INSTRUCTIES:
a) In een grote pan het lamsstoofvlees bruin bakken in olijfolie. Verwijder en zet opzij.
b) Fruit de uien en knoflook in dezelfde pan tot ze zacht zijn.
c) Voeg aubergine, courgettes, paprika en tomaten toe. Kook tot de groenten gaar zijn.
d) Doe het lamsvlees terug in de pan en voeg verse tijm en rozemarijn toe. Laat sudderen tot het lamsvlees gaar is.
e) Breng op smaak met zout en peper. Serveer met couscous of rijst.

62.Provençaalse Kip Met Kruiden

INGREDIËNTEN:
- 4 kippendijen met bot en vel
- 1 citroen, in plakjes gesneden
- 2 eetlepels verse tijm, gehakt
- 2 eetlepels verse rozemarijn, gehakt
- 3 teentjes knoflook, fijngehakt
- 1/4 kopje witte wijn
- 1/4 kopje kippenbouillon
- Olijfolie
- Zout en peper naar smaak

INSTRUCTIES:
a) Verwarm de oven voor op 190°C.
b) Kruid de kippendijen met zout en peper.
c) Verhit olijfolie in een koekenpan en bak de kip aan beide kanten bruin.
d) Breng de kip over naar een ovenschaal. Voeg schijfjes citroen, tijm, rozemarijn en knoflook toe.
e) Giet witte wijn en kippenbouillon over de kip. Bak in de oven tot de kip gaar en goudbruin is.

63. Pissaladière

INGREDIËNTEN:
- Pizzadeeg of bladerdeeg
- 2 grote uien, in dunne plakjes gesneden
- 1/4 kopje olijfolie
- 1 theelepel gedroogde tijm
- Ansjovis (ingeblikt of in potjes)
- Zwarte olijven, ontpit

INSTRUCTIES:
a) Verwarm de oven voor op 200 °C.
b) Fruit de uien in olijfolie tot ze gekarameliseerd zijn en roer er dan de gedroogde tijm door.
c) Rol het pizzadeeg of bladerdeeg uit en leg het op een bakplaat.
d) Verdeel de gekarameliseerde uien gelijkmatig over het deeg, schik de ansjovis kruislings en plaats de olijven tussen de ansjovis.
e) Bak tot de korst goudbruin is. Snijd en serveer warm of op kamertemperatuur.

64. Niçoise Kipschotel e

INGREDIËNTEN:
- Een eetlepel Dijon-mosterd
- Een eetlepel gehakte verse bieslook
- Halve theelepel gerookte paprika
- Eén kopje stukjes kip
- Eén kopje Niçoise-kaas
- Twee eetlepels olijfolie
- Een kopje gedroogde witte wijn
- Half kopje melk
- een kopje crème fraîche
- een theelepel kruidenpoeder
- Eén kopje ui
- Een theelepel gehakte knoflook

INSTRUCTIES:
a) Neem een pan.
b) Voeg de olie en uien toe.
c) Kook de uien tot ze zacht en geurig worden.
d) Voeg de kruiden toe.
e) Meng de ingrediënten zorgvuldig en dek de pan af.
f) Meng de kip en de droge witte wijn door het mengsel.
g) Kook de kip goed.
h) Schakel de kachel uit.
i) Voeg de rest van de ingrediënten toe als het mengsel is afgekoeld.
j) Giet het ovenschotelmengsel in een ovenschaal.
k) Strooi de geraspte Niçoise-kaas erover.
l) Bak de braadpan twintig minuten.
m) Serveer de ovenschotel als deze klaar is.
n) Strooi de koriander erover.

65. Niçoise Mosterdkip

INGREDIËNTEN:
- Eén kopje ui
- Eén kopje groentebouillon
- Halve theelepel gerookte paprika
- Twee eetlepels Dijon-mosterd
- Twee theelepel witte suiker
- Twee eetlepels olijfolie
- Twee kopjes tomatenpuree
- Een eetlepel gedroogde rozemarijn
- Een snufje zout
- Een snufje zwarte peper
- Een theelepel gedroogde tijm
- Een pond stukjes kip
- Twee eetlepels gehakte knoflook
- Half kopje droge witte wijn
- Half kopje citroensap
- Half kopje koriander

INSTRUCTIES:
a) Neem een grote pan.
b) Voeg de olijfolie en de plakjes ui eraan toe.
c) Bak de plakjes ui.
d) Voeg de knoflook, stukjes kip, citroensap en kruiden toe aan de pan.
e) Kook de stukken kip in de kruiden gedurende vijf tot tien minuten.
f) Voeg de overige ingrediënten toe aan het mengsel.
g) Kook het mengsel totdat het begint te koken.
h) Zet het vuur laag en dek de pan af met een deksel.
i) Verwijder na tien minuten het deksel.

66. Niçoise Rundvleesstoofpot

INGREDIËNTEN:
- Twee eetlepels olijfolie
- Een pond rundvleesbrokken (half gekookt)
- Twee eetlepels gehakte knoflook
- Twee kopjes gehakte sjalotten
- Een kopje gehakte uien
- Een kopje gehakte peterselie
- Eén kopje groentebouillon
- Een eetlepel Provençaalse kruiden
- Half kopje gehakte verse tijm
- Half kopje gehakte verse rozemarijn
- Half kopje gehakte verse bieslook
- Een theelepel kruidenmixpoeder
- Halve theelepel gerookte paprika
- Eén laurierblad
- Halve theelepel zout
- Een theelepel zwarte peper

INSTRUCTIES:
a) Neem een grote kom.
b) Voeg alle gehakte ingrediënten toe aan de kom.
c) Meng alle ingrediënten goed.
d) Voeg er een beetje water aan toe.
e) Meng het mengsel met een handblender.
f) Zorg ervoor dat de ingrediënten glad worden.
g) Voeg het rundvlees toe aan het mengsel.
h) Marineer het halfgekookte rundvlees gedurende vijftien minuten in het mengsel.
i) Neem een grote pan.
j) Voeg alle ingrediënten en olijfolie toe aan de pan.
k) Meng de stoofpot goed.
l) Kook de stoofpot gedurende tien tot vijftien minuten.

67. Niçoise Zeebaars Au Pistou

INGREDIËNTEN:
- Half kopje olijfolie van eerste persing
- Twee teentjes knoflook
- Twee stengels bleekselderij
- Eén zoete ui
- Eén aardappel
- Halve theelepel zout
- Een theelepel zwarte peper
- Halve theelepel gerookte paprika
- Half kopje witte wijn
- Twee kopjes visbouillon
- Eén kopje zeebaars
- Twee eetlepels klassieke pistou

INSTRUCTIES:
a) Neem een grote pan.
b) Verhit de olie in een pan.
c) Voeg de knoflook, stengels bleekselderij en ui eraan toe.
d) Kook het al roerend gedurende tien minuten.
e) Voeg indien nodig de zeebaars, kruiden, zout en peper toe.
f) Voeg de gerookte paprika toe en bak een minuut.
g) Voeg de wijn toe, meng goed en kook nog een minuut.
h) Voeg de rest van de ingrediënten toe aan het kookmengsel.
i) Kook het gerecht twintig minuten.
j) Garneer het gerecht op het laatst met pistou.
k) Je soep is klaar om geserveerd te worden.

68. Niçoise Coq Au Vin

INGREDIËNTEN:
- Eén kopje stukjes kip
- Een eetlepel koosjer zout
- Een eetlepel zwarte peper
- Twee kopjes rode wijn
- Eén laurierblad
- Eén theelepel suiker
- Twee takjes tijm
- Half kopje in blokjes gesneden spek
- Eén kopje wortelen
- Eén uien
- Een theelepel gehakte knoflook
- Half kopje tomatenpuree
- Peterselie

INSTRUCTIES:
a) Neem een grote kom.
b) Voeg de stukjes kip eraan toe.
c) Kruid de kip met peper en zout.
d) Combineer de kip met rode wijn, laurier en tijm.
e) Dek het af en marineer gedurende dertig minuten.
f) Kook de spekjes tot ze knapperig worden.
g) Voeg de gemarineerde kip eraan toe.
h) Kook het totdat de kip goudbruin wordt.
i) Voeg de uien, wortels en alle groenten toe.
j) Voeg de knoflook, tomatenpuree toe en kook gedurende één minuut.
k) Voeg de overige ingrediënten toe aan het mengsel.
l) Kook de ingrediënten gedurende tien tot vijftien minuten.

69.Niçoise Kipcassoulet

INGREDIËNTEN:
- Eén pond bonen
- Een theelepel koosjer zout
- Een half pond kip
- Twee eetlepels eendenvet
- Een theelepel zwarte peper
- Peterselie
- Een theelepel knoflookpoeder
- Twee stengels bleekselderij
- Eén kopje uien
- Eén kopje knoflookworst
- Twee laurierblaadjes

INSTRUCTIES:
a) Neem een grote kom.
b) Voeg de bonen en water toe indien nodig.
c) Voeg het zout en de peper toe aan de bonen.
d) Verwarm het eendenvet.
e) Voeg het zout toe en kook het tot het bruin wordt.
f) Kruid de stukken kip met peper.
g) Voeg de worstjes toe en kook deze goed.
h) Voeg de uien toe aan het kookmengsel.
i) Voeg de knoflook, stengels bleekselderij, peterselie, laurierblaadjes toe en voeg het bonenmengsel toe.
j) Kook de bonen samen met alle ingrediënten gedurende vijfenveertig minuten.
k) Zorg ervoor dat alle kip en bonen goed gemengd zijn.
l) Voeg de gehakte peterselie erbovenop toe.

70. Niçoise Aardappel Dauphinoise

INGREDIËNTEN:
- Twee eetlepels basterdsuiker
- Half kopje aardappelschijfjes
- Halve eetlepel gehakte knoflook
- Halve theelepel kaneel
- Halve eetlepel nootmuskaat
- Half kopje ongezouten boter
- Half kopje room van wijnsteen
- Twee kopjes bloem voor alle doeleinden
- Eén kopje geraspte kaas

INSTRUCTIES:
a) Neem een grote pan.
b) Voeg water toe aan de pan.
c) Verwarm het op middelhoog vuur.
d) Voeg de suiker eraan toe.
e) Verwarm het totdat het goudbruin wordt.
f) Voeg de aardappelschijfjes, kaneel, knoflook en nootmuskaat toe.
g) Verhoog het vuur en kook het gedurende vijf minuten.
h) Haal het van het vuur en laat het afkoelen.
i) Neem een grote kom.
j) Voeg de kaas eraan toe.
k) Voeg de room van wijnsteen en de bloem eraan toe.
l) Voeg de boter eraan toe.
m) Meng het totdat het deeg ontstaat.
n) Voeg het deeg toe aan het aardappelmengsel.
o) Bak het gerecht vijftien minuten.

71. Niçoise Champignon Bourguignon

INGREDIËNTEN:
- Twee eetlepels olijfolie
- Een kopje witte gehakte uien
- Een eetlepel gehakte knoflook
- Drie eetlepels bloem voor alle doeleinden
- Drie kopjes champignonschijfjes
- Drie kopjes rode wijn
- Een theelepel gehakte knoflook
- Drie eetlepels zachte boter
- Een takje vers gehakte rozemarijn
- Een takje vers gehakte tijm
- Een takje gehakte verse peterselie
- Twee kopjes groentebouillon

INSTRUCTIES:
a) Neem een grote pan.
b) Voeg de boter en uien toe aan de pan.
c) Voeg de specerijen, kruiden en tomaten toe aan de pan.
d) Kook het mengsel goed.
e) Voeg de plakjes champignon toe aan de pan.
f) Voeg de groentebouillon toe en dek de pan af, zodat de groenten goed gaar worden.
g) Voeg de rest van de ingrediënten toe als het groentemengsel uitdroogt.
h) Kook het gerecht gedurende tien minuten.
i) Voeg de gehakte peterselie erbovenop toe.

72. Cassoulet met bonen en groenten

INGREDIËNTEN:
- Eén pond bonen
- Een theelepel koosjer zout
- Twee eetlepels boter
- Een theelepel zwarte peper
- Peterselie
- Een theelepel knoflookpoeder
- Twee stengels bleekselderij
- Eén kopje uien
- Twee kopjes gemengde groenten
- Twee laurierblaadjes

INSTRUCTIES:
a) Neem een grote kom.
b) Voeg de bonen en water toe indien nodig.
c) Voeg het zout en de peper toe aan de bonen.
d) Verhit de boter.
e) Voeg het zout toe en kook het tot het bruin wordt.
f) Kruid de groentestukjes met peper.
g) Voeg de uien toe aan het kookmengsel.
h) Voeg de knoflook, stengels bleekselderij, peterselie, laurierblaadjes toe en voeg het bonenmengsel toe.
i) Kook de bonen samen met alle ingrediënten gedurende vijfenveertig minuten.
j) Zorg ervoor dat alle groenten en bonen goed gemengd zijn.
k) Voeg de gehakte peterselie erbovenop toe.

73. Groenten Niçoise Brood Pizza

INGREDIËNTEN:
- Een half pond gemengde groenten
- Eén gele ui
- Twee kopjes mozzarellakaas
- Een theelepel gedroogde rozemarijn
- Een snufje zwarte peper
- Een snufje zout
- Eén kopje tomatensaus
- Een eetlepel Parmezaanse kaas
- Half kopje gesneden olijven
- Twee eetlepels olijfolie
- Eén pakje brooddeeg

INSTRUCTIES:
a) Rol het brooddeeg uit in een ovenschaal.
b) Verdeel de tomatensaus over het deeg.
c) Voeg de groenten en de rest van de ingrediënten toe aan de saus.
d) Bak de pizza ongeveer twintig minuten.
e) Uitdelen als je klaar bent.

74. Niçoise Aardappelen Au Vin

INGREDIËNTEN:
- Eén kopje aardappelstukjes
- Een eetlepel koosjer zout
- Een eetlepel zwarte peper
- Twee kopjes rode wijn
- Eén laurierblad
- Eén theelepel suiker
- Twee takjes tijm
- Eén kopje wortelen
- Eén uien
- Een theelepel gehakte knoflook
- Half kopje tomatenpuree
- Peterselie

INSTRUCTIES:
a) Neem een grote kom.
b) Voeg er de aardappelstukjes aan toe.
c) Breng de aardappel op smaak met peper en zout.
d) Combineer de aardappel met rode wijn, laurier en tijm.
e) Dek het af en marineer gedurende dertig minuten.
f) Voeg de gemarineerde aardappelen eraan toe.
g) Kook het tot de aardappelen goudbruin worden.
h) Voeg de uien, wortels en alle groenten toe.
i) Voeg de knoflook, tomatenpuree toe en kook gedurende één minuut.
j) Voeg de overige ingrediënten toe aan het mengsel.
k) Kook gedurende tien minuten.

75. Niçoise Ratatouille

INGREDIËNTEN:
- Een snufje koosjer zout
- Een theelepel zwarte peper
- Een kopje auberginestukjes
- Een kopje courgettestukjes
- Een kwart kopje gehakte marjolein dadels
- Een kopje gehakte bieslook
- Eén kopje kerstomaatjes
- Half kopje hartige zomertakjes
- Twee eetlepels gehakte knoflook
- Twee eetlepels gedroogde tijm
- Half kopje gehakte peterselie
- Twee theelepel Provençaalse kruiden
- Halve kop gehakte ui
- Twee eetlepels olijfolie
- Half kopje basilicumblaadjes
- Een kopje rode paprika
- Een eetlepel gemalen rode peper
- Eén laurierblad
- Een halve theelepel venkelbladeren

INSTRUCTIES:
a) Neem een grote pan.
b) Voeg de olijfolie en de gehakte uien eraan toe.
c) Kook de uien tot ze lichtbruin van kleur worden.
d) Voeg de gehakte knoflook toe aan de pan.
e) Kook het mengsel gedurende vijf minuten.
f) Breng het mengsel op smaak met zout en peper.
g) Voeg de kruiden en alle groenten toe.
h) Plet de kerstomaatjes in een kom en voeg het zout toe.
i) Schep het mengsel in een bord als de groenten gaar zijn.
j) Voeg de geplette tomaten toe aan de pan.
k) Kook de tomaten gedurende tien minuten of tot ze zacht worden.
l) Voeg het groentemengsel opnieuw toe aan de pan.
m) Kook het mengsel en voeg de gehakte marjolein dadels, basilicum en peterselieblaadjes toe.

76.Niçoise Groentenstoofpot

INGREDIËNTEN:
- Twee eetlepels olijfolie
- Een pond gemengde groenten
- Twee eetlepels gehakte knoflook
- Twee kopjes gehakte sjalotten
- Een kopje gehakte uien
- Een kopje gehakte peterselie
- Eén kopje groentebouillon
- Een eetlepel Provençaalse kruiden
- Half kopje gehakte verse tijm
- Half kopje gehakte verse rozemarijn
- Half kopje gehakte verse bieslook
- Een theelepel kruidenmixpoeder
- Halve theelepel gerookte paprika
- Eén laurierblad
- Halve theelepel zout
- Een theelepel zwarte peper

INSTRUCTIES:
a) Neem een grote pan.
b) Voeg alle ingrediënten en olijfolie toe aan de pan.
c) Meng de stoofpot goed.
d) Kook de stoofpot gedurende tien tot vijftien minuten.

77.Vegetarisch brood Niçoise

INGREDIËNTEN:
- Twee eetlepels olijfolie
- Half kopje gehakte sjalotjes
- Een kopje in blokjes gesneden groene paprika
- Een theelepel gehakte knoflook
- Een kopje in blokjes gesneden aubergine
- Een kopje in blokjes gesneden courgette
- Anderhalf kopje bloem voor alle doeleinden
- Een theelepel zwarte peper
- Half kopje in blokjes gesneden tomaten
- Halve theelepel zout
- Half kopje melk
- Anderhalf kopje Zwitserse kaas
- Olijfolie om te poetsen
- Drie hele eieren

INSTRUCTIES:
a) Neem een grote koekenpan.
b) Voeg de twee eetlepels olijfolie en de gehakte sjalotjes toe aan de koekenpan.
c) Kook de sjalotjes een paar minuten tot ze lichtbruin kleuren.
d) Voeg de gehakte knoflook, tomaten, aubergine, courgette en groene paprika toe aan de koekenpan.
e) Kook de groenten gedurende tien minuten.
f) Voeg zout en zwarte peper toe aan de koekenpan en meng goed.
g) Zet het vuur uit en laat het mengsel afkoelen.
h) Neem een grote kom.
i) Voeg de eieren en de melk toe aan de kom.
j) Klop goed en doe dan de bloem en de groenten in de kom.
k) Meng alles goed.
l) Giet het mengsel in een ingevette broodvorm.
m) Voeg de Zwitserse kaas toe aan het beslag en vet het brood in met olijfolie.
n) Plaats de pan in een voorverwarmde oven en bak het brood.
o) Serveer het brood na veertig minuten.

78.Niçoise gegratineerde groenten

INGREDIËNTEN:
- Twee eetlepels basterdsuiker
- Half kopje gemengde groenteplakken
- Een halve eetlepel gemalen kruidnagel
- Halve eetlepel kaneel
- Halve eetlepel nootmuskaat
- Half kopje ongezouten boter
- Halve theelepel gedroogde tijm
- Twee eieren
- Half kopje room van wijnsteen
- Twee kopjes bloem voor alle doeleinden
- Een kopje geraspte gruyère-kaas

INSTRUCTIES:
a) Neem een grote pan.
b) Verwarm het op middelhoog vuur.
c) Voeg de suiker eraan toe.
d) Verwarm het totdat het goudbruine karamel wordt.
e) Voeg de groenteschijfjes, kaneel, kruidnagel en nootmuskaat toe.
f) Verhoog het vuur en kook het gedurende vijf minuten.
g) Haal het van het vuur en laat het afkoelen.
h) Neem een grote kom en doe er kaas in.
i) Voeg de room van wijnsteen en de bloem eraan toe.
j) Voeg de gekookte groenten en de rest van de ingrediënten toe aan de pan
k) schaal.
l) Voeg de ingrediënten toe in een ovenschaal.
m) Bak de ingrediënten gedurende tien tot vijftien minuten.

79.Niçoise Plantaardige Niçoise Dipsandwich

INGREDIËNTEN:
- Vier eetlepels plantaardige basis
- Drie eetlepels Dijon-mosterd
- Twee eetlepels olijfolie
- Niçoise stokbrood
- Twee eetlepels gehakte verse bieslook
- Een kwart kopje champignonschijfjes
- Zout naar smaak
- Twee kopjes gesneden paprika
- Zwarte peper naar smaak
- Twee kopjes zongedroogde tomaten
- Eén pakje Niçoise-kaasschijfjes
- Twee theelepels boter

INSTRUCTIES:
a) Rooster de plakjes champignon en paprika in een oven door de boter, het zout en de peper toe te voegen.
b) Rooster het stokbrood en beleg de sub met ingrediënten.
c) Voeg alle ingrediënten één voor één toe aan de sub en op het laatst de geroosterde champignons en paprika.
d) Verpak de baguettes.
e) Je kunt de sandwich serveren met een saus of dip naar keuze.

80. Niçoise Witte Bonenstoofpot

INGREDIËNTEN:
- Twee eetlepels olijfolie
- Een pond witte bonen (halfgekookt)
- Half kopje gehakte kruidnagel
- Twee kopjes gehakte sjalotten
- Een kopje gehakte uien
- Een kopje gehakte peterselie
- Eén kopje groentebouillon
- Een eetlepel Provençaalse kruiden
- Half kopje gehakte verse tijm
- Half kopje gehakte verse rozemarijn
- Half kopje gehakte verse bieslook
- Een theelepel kruidenmixpoeder
- Halve theelepel gerookte paprika
- Eén laurierblad
- Zout naar smaak
- Zwarte peper naar smaak

INSTRUCTIES:
a) Neem een grote kom.
b) Voeg alle gehakte ingrediënten toe aan de kom.
c) Meng alle ingrediënten goed.
d) Voeg er een beetje water aan toe.
e) Meng het mengsel met een handblender.
f) Zorg ervoor dat de ingrediënten glad worden.
g) Voeg de bonen toe aan het mengsel.
h) Marineer de halfgekookte bonen gedurende een kwartier in het mengsel.
i) Neem een grote pan.
j) Voeg alle ingrediënten en olijfolie toe aan de pan.
k) Meng de stoofpot goed.
l) Kook de stoofpot gedurende tien tot vijftien minuten.

81. Niçoise Amandel Niçoise Toast

INGREDIËNTEN:
- Vier sneetjes brood
- Eén eetlepel bakpoeder
- Een eetlepel vanille-extract
- Half kopje amandelmelk
- Een snufje zout
- Een ei
- Half kopje gemalen amandelen

INSTRUCTIES:
a) Neem een grote kom.
b) Voeg het ei toe in een grote kom.
c) Mix de eieren totdat er een glad mengsel ontstaat.
d) Voeg de overige ingrediënten één voor één toe en zorg ervoor dat er geen clusters ontstaan.
e) Verhit een grote pan.
f) Voeg de zachte boter toe en verwarm deze.
g) Doop de sneetjes brood in de kom.
h) Leg de plakjes in de pan en bak ze aan alle kanten.
i) Bak de sneetjes brood tot ze goudbruin zijn.
j) Voeg de gemalen amandelen erbovenop toe.

82.Niçoise Linzenstoofpot

INGREDIËNTEN:
- Twee eetlepels olijfolie
- Een pond linzen (halfgekookt)
- Half kopje gehakte kruidnagel
- Twee kopjes gehakte sjalotten
- Een kopje gehakte uien
- Een kopje gehakte peterselie
- Eén kopje groentebouillon
- Een eetlepel Provençaalse kruiden
- Half kopje gehakte verse tijm
- Half kopje gehakte verse rozemarijn
- Half kopje gehakte verse bieslook
- Een theelepel kruidenmixpoeder
- Halve theelepel gerookte paprika
- Eén laurierblad
- Zout naar smaak
- Zwarte peper naar smaak

INSTRUCTIES:
a) Neem een grote kom.
b) Voeg alle gehakte ingrediënten toe aan de kom.
c) Meng alle ingrediënten goed.
d) Voeg er een beetje water aan toe.
e) Meng het mengsel met een handblender.
f) Zorg ervoor dat de ingrediënten glad worden.
g) Voeg de linzen toe aan het mengsel.
h) Marineer de halfgekookte linzen gedurende een kwartier in het mengsel.
i) Neem een grote pan.
j) Voeg alle ingrediënten en olijfolie toe aan de pan.
k) Meng de stoofpot goed.
l) Kook de stoofpot gedurende tien tot vijftien minuten.

83. Niçoise Eénpans Niçoise Uienpasta

INGREDIËNTEN:
- Een kopje in blokjes gesneden ui
- Twee eetlepels olijfolie
- Eén kopje kerstomaatjes
- Eén pakje pasta
- Eén kopje groentebouillon
- Een theelepel tijmpoeder
- Eén kopje geraspte kaas
- Halve theelepel gerookte paprika
- Eén kopje water
- Twee eetlepels gehakte knoflook
- Twee eetlepels gehakte gember
- Half kopje koriander

INSTRUCTIES:
a) Neem een pan.
b) Voeg de olie en uien toe.
c) Kook de uien tot ze zacht en geurig worden.
d) Voeg de gehakte knoflook en gember toe.
e) Kook het mengsel goed.
f) Voeg de kruiden toe.
g) Voeg de bouillon toe.
h) Meng de ingrediënten zorgvuldig en dek je pan af.
i) Kook de pasta volgens de instructies op de verpakking.
j) Voeg de kerstomaatjes toe.
k) Meng de pasta en geraspte kaas door het mengsel.
l) Voeg de koriander erbovenop toe.

84.Niçoise Linzensalade met Geitenkaas

INGREDIËNTEN:
- Drie kopjes groentebouillon
- Eén kopje wortel
- Half kopje verse tijm
- Een kopje Niçoise-linzen
- Halve theelepel gerookte paprika
- Twee eetlepels gehakte knoflook
- Half kopje gehakte selderij
- Twee eetlepels olijfolie
- Twee eetlepels honing
- Eén bakje geitenkaas
- Half kopje Dijon-mosterd

INSTRUCTIES:
a) Neem een grote pan.
b) Voeg de olie en de linzen toe aan de pan.
c) Roerbak de linzen en voeg vervolgens de groentebouillon toe.
d) Laat de linzen ongeveer dertig minuten koken of totdat de vloeistof in de pan opdroogt.
e) Voeg de overige ingrediënten toe in een kom.
f) Meng alle ingrediënten goed tot een homogeen mengsel.
g) Voeg de gekookte linzen toe aan het mengsel.
h) Meng de salade om er zeker van te zijn dat alles goed gemengd is.

85. Niçoise namaaksalade

INGREDIËNTEN:
- Vier eetlepels olijfolie
- Half kopje ricottakaas
- Eén kopje mozzarellakaas
- Halve kop basilicumblaadjes
- Een kwart theelepel oregano
- Half kopje Parmezaanse kaas
- Twee kopjes groene erwten
- Eén kopje augurken
- Half kopje mayonaise
- Eén kopje appels

INSTRUCTIES:
a) Neem een kom.
b) Voeg alle natte ingrediënten toe aan de kom.
c) Meng alle ingrediënten goed.
d) Voeg de overige ingrediënten toe aan de kom.
e) Meng goed totdat de droge ingrediënten goed bedekt zijn.

86. Niçoise Kokoscurry-linzensoep

INGREDIËNTEN:
- Twee kopjes groentebouillon
- Twee eetlepels geperste knoflook
- Zout naar smaak
- Zwarte peper naar smaak
- Twee eetlepels olijfolie
- Een kopje gedroogde witte wijn
- Eén kopje ui
- Twee eetlepels bloem voor alle doeleinden
- Half kopje slagroom
- Twee kopjes linzen
- Eén kopje kokosmelk
- Eén laurierblad
- Twee eetlepels verse tijm
- Sneetjes Niçoisebrood
- Gehakte dille

INSTRUCTIES:
a) Neem een grote pan.
b) Voeg de olie en uien toe aan de pan.
c) Kook de uien tot ze goudbruin zijn.
d) Voeg de geperste knoflook toe aan de pan.
e) Voeg de kruiden en linzen toe aan het mengsel.
f) Voeg het bloem voor alle doeleinden, de slagroom en de gedroogde witte wijn toe.
g) Voeg de kokosmelk toe en vervolgens de groentebouillon.
h) Dek de pan vijf minuten af met een deksel.
i) Laat de soep goed koken.
j) Schep de soep in soepkommen.
k) Voeg de gehakte verse dille erbovenop toe.

87. Niçoise Sperziebonen

INGREDIËNTEN:
- Twee eetlepels Dijon-mosterd
- Een pond sperziebonen
- Twee eetlepels gehakte knoflook
- Half kopje droge witte wijn
- Half kopje koriander
- Twee eetlepels olijfolie
- Een eetlepel gedroogde rozemarijn
- Halve theelepel zout
- Een theelepel zwarte peper
- Gedroogde tijm, een theelepel
- Halve theelepel gerookte paprika

INSTRUCTIES:
a) Neem een grote pan.
b) Voeg de olijfolie eraan toe.
c) Voeg de knoflook, sperziebonen en kruiden toe in de pan.
d) Kook de bonen in de kruiden gedurende vijf tot tien minuten.
e) Voeg de overige ingrediënten toe aan het mengsel.
f) Kook het mengsel totdat het begint te koken.
g) Tien minuten koken en dan uitdelen.

NAGERECHT

88. Lavendel Honing Panna Cotta

INGREDIËNTEN:
- 2 kopjes zware room
- 1/2 kopje honing (bij voorkeur met lavendel doordrenkte honing)
- 1 theelepel vanille-extract
- 2 theelepels gelatine
- 2 eetlepels koud water
- Verse bessen ter garnering

INSTRUCTIES:
a) Verhit de slagroom, de honing en het vanille-extract in een pan tot het kookt.
b) Los ondertussen de gelatine op in koud water en laat dit een paar minuten staan.
c) Voeg het gelatinemengsel toe aan de warme room en roer tot alles goed gemengd is.
d) Giet het mengsel in schaaltjes en zet in de koelkast tot het opgesteven is.
e) Serveer gekoeld, gegarneerd met verse bessen.

89.Sinaasappel- en olijfoliecake

INGREDIËNTEN:
- 2 kopjes All-purpose Flour
- 1 1/2 theelepel bakpoeder
- 1/2 theelepel zuiveringszout
- Snufje zout
- 1 kopje kristalsuiker
- 1/2 kop extra vergine olijfolie
- 3 grote eieren
- Schil van 2 sinaasappels
- 1 kopje vers sinaasappelsap
- Poedersuiker om te bestuiven

INSTRUCTIES:
a) Verwarm de oven voor op 175°C (350°F) en vet een taartvorm in.
b) Meng in een kom de bloem, bakpoeder, zuiveringszout en zout.
c) Klop in een andere kom de suiker, olijfolie, eieren, sinaasappelschil en sinaasappelsap tot alles goed gemengd is.
d) Voeg geleidelijk de droge ingrediënten toe aan de natte ingrediënten en meng tot een gladde massa.
e) Giet het beslag in de voorbereide pan en bak tot een tandenstoker er schoon uitkomt.
f) Laat de cake afkoelen en bestrooi hem met poedersuiker voordat je hem serveert.

90. Niçoise Palmier Cookies

INGREDIËNTEN:
- Halve theelepel nootmuskaat
- Een theelepel vanille-extract
- Drie en een half kopje bloem
- Halve kop suiker
- Een kopje gezouten boter
- Eén eetlepel bakpoeder
- Een half kopje palmsuiker om te bestrooien
- Twee grote eieren
- Een halve theelepel koosjer zout

INSTRUCTIES:
a) Neem een grote kom.
b) Voeg de droge ingrediënten toe in een kom.
c) Meng alle ingrediënten goed.
d) Voeg de boter en de rest van de ingrediënten toe aan de kom.
e) Voeg het gevormde mengsel toe aan een spuitzak.
f) Maak kleine hartvormige koekjes op een ovenschaal en strooi de palmiersuiker erover.
g) Bak de koekjes twintig minuten.
h) Schep de koekjes uit als ze klaar zijn.

91. Niçoise Caneles

INGREDIËNTEN:
- Twee kopjes amandelmeel
- Twee eieren
- Een eetlepel vanille-extract
- Een beker melk
- Een eetlepel plantaardige olie
- Een kopje bloem voor alle doeleinden
- Half kopje volkorenmeel
- Zout naar smaak
- Water om te knielen

INSTRUCTIES:
a) Neem een kom.
b) Voeg de bloem eraan toe.
c) Voeg de suiker eraan toe.
d) Voeg er lauw water aan toe.
e) Zet een half uur opzij.
f) Voeg het volkorenmeel toe.
g) Voeg het zout en wat water toe.
h) Voeg de eieren en het vanille-extract toe aan het mengsel.
i) Voeg het amandelmeel en een beetje melk toe.
j) Meng de ingrediënten goed zodat een glad mengsel ontstaat.
k) Voeg indien nodig de olie toe voor een glad resultaat.
l) Stoom het gerecht gedurende dertig minuten in een waterbad.

92. Niçoise Kersenclafoutis

INGREDIËNTEN:
- Twee kopjes melk
- Een theelepel kaneel
- Half kopje slagroom
- Half kopje witte suiker
- Een theelepel zout
- Twee eieren
- Een theelepel citroenextract
- Een theelepel amandelextract
- Twee kopjes bloem voor alle doeleinden
- Een kopje boter
- Een kopje ontpitte kersen

INSTRUCTIES:
a) Neem een middelgrote kom.
b) Voeg er de gesmolten boter aan toe.
c) Voeg de slagroom en kaneel eraan toe.
d) Voeg bloem toe en meng goed.
e) Voeg naar behoefte de melk en het zout toe.
f) Voeg indien nodig de suiker en het zout toe.
g) Meng ze goed.
h) Voeg de eieren, kersen, citroenextract en amandelextract samen.
i) Roer het een paar minuten door.
j) Voeg het materiaal toe op de bakplaat.
k) Bak het materiaal twintig minuten totdat ze licht worden
l) bruin.

93.Niçoise Kokostaart

INGREDIËNTEN:
- Een kopje gedroogde kokosnoot
- Halve kop water
- Een kopje zelfrijzend bakmeel
- Half kopje boter
- Een eetlepel melk
- Een theelepel bakpoeder
- Twee eieren
- Een kopje bruine suiker

INSTRUCTIES:
a) Neem een pan.
b) Voeg de boter toe.
c) Als het gesmolten is, voeg je de melk en de bloem toe.
d) Meng de ingrediënten tot een deeg.
e) Schakel de kachel uit zodra het deeg is gevormd.
f) Voeg het mengsel toe in een kom.
g) Voeg de gedroogde kokosnoot eraan toe.
h) Voeg de overige ingrediënten toe aan de kom en meng.
i) Meng alle ingrediënten en verdeel het deeg in een taartvorm.
j) Bak het mengsel vijfenveertig minuten.

94.Passievrucht- en citroenmeringuetaartjes

INGREDIËNTEN:
- Twee kopjes passievrucht
- Half kopje boter
- Een pakje taartdeeg
- Half kopje slagroom
- Twee eetlepels citroenschil
- Halve kop suiker

INSTRUCTIES:
a) Neem een grote kom.
b) Voeg de room toe en klop het goed op.
c) Maak het schuimig en voeg dan de boter en de suiker toe.
d) Klop het mengsel goed op en voeg dan de passievrucht en de citroenschil toe aan de boter.
e) Meng het mengsel goed.
f) Leg het taartdeeg in ingevette taartvormen.
g) Voeg het mengsel erbovenop toe.
h) Bak het gerecht tien tot vijftien minuten goed.

95.Niçoise Perentaart

INGREDIËNTEN:
- Twee kopjes perenschijfjes
- Half kopje boter
- Een pakje taartdeeg
- Half kopje slagroom
- Halve kop suiker

INSTRUCTIES:
a) Neem een grote kom.
b) Voeg de room toe en klop het goed op.
c) Maak het schuimig en voeg dan de boter en de suiker toe.
d) Klop het mengsel goed op en doe de perenschijfjes in de boter.
e) Meng het mengsel goed.
f) Leg het taartdeeg in ingevette taartvormen.
g) Voeg het mengsel erbovenop toe
h) Bak het gerecht tien tot vijftien minuten goed.

96.Aardbei Frasier en Lillet Chiffoncake

INGREDIËNTEN:
- Een kwart kopje Lillet Blanc
- Half kopje wijnsteencrème
- Een kwart kopje suiker
- Een kwart theelepel gemalen kardemom
- Een kopje meel
- Een snufje bakpoeder
- Een ei
- Voor aankleden:
- Twee kopjes aardbeiplakken
- Een kopje slagroom

INSTRUCTIES:
a) Neem een grote kom.
b) Voeg alle ingrediënten behalve de plakjes aardbei toe aan de kom.
c) Zorg ervoor dat de ovenschaal goed ingevet is en bekleed is met bakpapier.
d) Bak de cake.
e) Schep het uit als je klaar bent.
f) Voeg de slagroom bovenop de taart toe.
g) Bedek het met plakjes aardbei.

97. Niçoise Poire Avec Orange

INGREDIËNTEN:
- Half kopje bruine suiker
- Een theelepel vanille-extract
- Vier hele peren
- Anderhalf kopje sinaasappelsap
- Halve kop walnoten
- Half kopje witte suiker
- Een theelepel kaneelpoeder

INSTRUCTIES:
a) Neem een grote pan.
b) Voeg alle ingrediënten toe aan de pan, behalve de peren.
c) Kook de ingrediënten goed.
d) Kook het mengsel tot de suiker is opgelost.
e) Bedek de peren met de saus.
f) Zet de peren een uur in de koelkast.

98. Niçoise chocolademousse

INGREDIËNTEN:
- Twee kopjes amandelmeel
- Half kopje chocolade
- Twee eieren
- Een eetlepel vanille-extract
- Een beker melk
- Een eetlepel plantaardige olie
- Een kopje bloem voor alle doeleinden
- Half kopje volkorenmeel
- Een snufje zout

INSTRUCTIES:
a) Neem een kom.
b) Voeg de bloem eraan toe.
c) Voeg de gesmolten chocolade en suiker eraan toe.
d) Voeg er lauw water aan toe.
e) Zet een half uur opzij.
f) Voeg het volkorenmeel toe.
g) Voeg het zout en wat water toe.
h) Voeg de eieren en het vanille-extract toe aan het mengsel.
i) Voeg het amandelmeel en een deel van de melk toe.
j) Meng de ingrediënten goed zodat een glad mengsel ontstaat.
k) Zet het materiaal een uur in de koelkast.

99.Chocoladegebak Niçoise

INGREDIËNTEN:
- Twee kopjes melk
- Half kopje witte suiker
- Een theelepel zout
- Twee eieren
- Twee eetlepels cacaopoeder
- Een theelepel citroenextract
- Een theelepel amandelextract
- Twee kopjes bloem voor alle doeleinden
- Een kopje boter
- Een theelepel droge gist

INSTRUCTIES:
a) Neem een middelgrote kom.
b) Voeg de boter erin toe.
c) Voeg de bloem toe en meng goed.
d) Zet het mengsel in de koelkast.
e) Neem een grote kom en doe de gist erin.
f) Voeg de suiker, het zout en de melk toe.
g) Meng het melkmengsel met de bloem.
h) Voeg het cacaopoeder, de eieren, het citroenextract en het amandelextract samen.
i) Kneed het deeg tot het uniform is.
j) Doe de boter op het deeg en vouw het.
k) Maak gebakjes van de deegrol.
l) Voeg de slagroom toe aan het deegdeeg.
m) Bak ze tien minuten.
n) Het gebak is klaar om geserveerd te worden.

100. Niçoise Custardtaart

INGREDIËNTEN:
- Twee eigeel
- Halve kop water
- Een kopje zelfrijzend bakmeel
- Half kopje boter
- Een eetlepel melk
- Een theelepel bakpoeder
- Een kopje bruine suiker

INSTRUCTIES:
a) Neem een pan.
b) Voeg de boter toe.
c) Wanneer het smelt.
d) Voeg de melk en de bloem toe.
e) Meng de ingrediënten tot een deeg.
f) Schakel de kachel uit zodra het deeg is gevormd.
g) Voeg het mengsel toe in een kom.
h) Voeg de overige ingrediënten toe aan de kom en meng.
i) Meng alle ingrediënten en verdeel het deeg in een taartvorm.
j) Bak het mengsel vijfenveertig minuten.

CONCLUSIE

Terwijl we onze culinaire expeditie afsluiten met «Nicoise: marktgeïnspireerde keuken uit de zonnigste stad van frankrijk», hopen we dat je de magie van de levendige culinaire scene van Nice hebt ervaren in het comfort van je eigen keuken. Elk recept op deze pagina's is een viering van de zonovergoten markten, de mediterrane invloeden en de Provençaalse charme die de gastronomische identiteit van de stad bepalen.

Of u nu heeft geproefd van de frisheid van een salade niçoise, heeft genoten van de rijke smaken van bouillabaisse, of heeft genoten van de citruszoete smaak van een tarte aux citrons, wij vertrouwen erop dat deze 100 recepten u naar het hart van de Franse Rivièra hebben gebracht. Moge de geest van Nice, afgezien van de ingrediënten en technieken, in uw keuken blijven hangen en u inspireren om uw maaltijden te doordrenken met de warmte, levendigheid en elegantie die de Niçoise-keuken definiëren.

Terwijl u de culinaire rijkdommen van de Franse Rivièra blijft ontdekken, mag "Niçoise" uw metgezel zijn en u begeleiden door de markten, de zee en de betoverende smaken die deze regio tot een ware gastronomische schat maken. Geniet van de levendige sfeer van Nice en breng de culinaire hoogstandjes van de zonnigste stad naar je tafel: eet smakelijk!

www.ingramcontent.com/pod-product-compliance
Lightning Source LLC
Chambersburg PA
CBHW071909110526
44591CB00011B/1606